PapyRossa
Hochschulschriften 52

Christine Zunke

Das Subjekt der Würde
Kritik der deutschen Stammzellendebatte

PapyRossaVerlag

© 2004 by PapyRossa Verlags GmbH & Co. KG, Köln
Luxemburger Str. 202, D-50937 Köln
Tel.:   ++49 (0) 221 - 44 85 45
Fax: ++49 (0) 221 - 44 43 05
E-Mail: mail@papyrossa.de
Internet: www.papyrossa.de

Alle Rechte vorbehalten

Umschlag und Satz: Alex Feuerherdt
Druck: DIP Digital Print, Witten

Die Deutsche Bibliothek – CIP-Einheitsaufnahme

Die Deutsche Bibliothek verzeichnet diese Publikation in der
Deutschen Nationalbibliografie; detaillierte bibliografische
Daten sind im Internet über http://dnb.ddb.de abrufbar

ISBN 3-89438-292-9

Inhalt

Einleitung — 7

Die deutsche Stammzellendebatte
Gegenstand der Debatte — 10
Die Gegner — 12
Die Befürworter — 16
Gemeinsamkeiten und Differenzen — 27

Der abgestufte Lebensschutz
Der Embryo: Achtung gebietend, aber ohne Würde — 29
Die Spezieszugehörigkeit — 33
Die Gattungssolidarität — 36
Die kontinuierliche Entwicklung — 42
Der Embryo als potentieller Mensch — 45
Die Identität von Embryo und Person — 47

Personenbegriffe in der Stammzellendebatte
Bestimmung der Person durch Eigenschaften — 50
Alle Menschen sind Personen — 55
Natur und Freiheit — 56
Liebe und Anerkennung — 60
Individualität — 63
Gemeinsamer Mangel der dargestellten Positionen — 65

Die Menschheitswürde
Reine Vernunftbegriffe — 68
Der freie Wille — 73
Das moralische Gesetz — 75
Menschheitswürde und Ideal der Menschheit — 78
Das moralische Gefühl — 84
Die Achtung — 86

Menschheitswürde fordert den Prozeß ihrer Verwirklichung
Das höchste Gut 93
Die Menschheit in jeder Person ist heilig 97
Begriff der Persönlichkeit 98
Die moralische Welt 103
Das Reich der Zwecke 106

Die Verknüpfung von Material und Ideal
Die spezifische Differenz 109
Organismen lassen sich nur teleologisch erkennen 113
Endliche Vernunftwesen haben einander
als intelligible zur Voraussetzung 118
Das Wesen des Menschen 121

Das Subjekt der Würde 127

Literatur 131
Danksagung 134

Einleitung

> »*Im November 1998 gelingt es dem Amerikaner James Thomson, menschliche Embryozellen im Labor zu kultivieren. Auf einen Schlag scheinen bisher ferne Visionen zum Greifen nah: Neue Neuronen für Parkinson-Patienten, Nervenzellersatz auch für Schlaganfallopfer und Demente, Hautzellen für Brandverletzte, Herzmuskelgewebe zur Rettung nach dem Infarkt. All das wollen Forscher im Labor züchten. Doch die Verheißungen münden in ein moralisches Dilemma: Darf man, für welch hehres Ziel auch immer, menschliche Embryonen töten?*«[1]

Diese Frage, ob menschliche Embryonen für die medizinische Forschung getötet werden dürfen, setzt eine Instanz voraus, an welche sie gerichtet werden kann. Je nachdem, ob als diese Instanz das geltende Gesetz, Gott oder die Philosophie angenommen wird, ist die Frage eine juristische, religiöse oder moralische. Da jedoch sowohl die Kirchen als auch die legislative Gewalt für sich beanspruchen, moralische Handlungsmaximen aufzustellen, lassen sich diese verschiedenen Instanzen in der Stammzellendebatte, die seit dem Winter 2000 um diese Frage in der BRD geführt wird, nicht scharf voneinander trennen. Den unterschiedlichen Antworten auf die Frage, ob menschliche Embryonen getötet werden dürfen – und wenn ja, unter welchen Voraussetzungen – gehen als Grundlagen unterschiedliche (nämlich juristische, naturwissenschaftlich orientierte, religiöse und philosophische) Begriffsbestimmungen von Moral sowie von Menschheit und Menschenwürde voraus, denen in dieser Debatte zentrale Bedeutung zukommt. Aus den unterschiedlichen Bestimmungen dessen, was Moral, was Menschheit und was schließlich Menschenwürde sei, resultieren unterschiedliche Positionen in der Stammzellendebatte. Die Folge ist: »*Moral im Plural. Damit, so scheint es, werden wir in Zukunft leben müssen, nicht nur in Deutschland, auch – und ganz besonders – in Europa.*«[2] Wenn Moral sich mit dem jeweiligen Standpunkt und Standort ändern kann, ist sie nicht notwendig und hat folglich keine allgemeine Gültigkeit und Verbindlichkeit. Eine pluralistische Moral ist eine willkürliche Moral, die positionellen Moden wie wirtschaftlichen Interessen folgt – also keine Moral.

---

1 Die Zeit (Herausgeber), *Zeitdokument 1.2002: Stammzellen – Embryonen als Ersatzteillager?*, Hamburg 2002, S. 1.
2 A. a. O., S. 3.

Die öffentlich geführte Debatte um die Würde und das Lebensrecht menschlicher Embryonen tut wenig, um ihre Grundbegriffe – Moral, Menschheit und Menschenwürde – zu klären. Doch erscheint dies kaum jemandem als Mangel der Stammzellendebatte, da sie vor allem eine politische Funktion erfüllt: Die Debatte um die verbrauchende Embryonenforschung in Deutschland hat objektiv die politische Funktion, diese Forschung zu legitimieren. Dies geschieht, indem eine falsche Gegenüberstellung vorgenommen wird. Das Leben früher kryokonservierter Embryonen auf der einen, die Heilung künftiger Schwerstkranker auf der anderen Seite. Die Befürworter der Tötung menschlicher Embryonen zu medizinischen Forschungszwecken vertreten die Position, daß der gesetzlich verankerte Lebensschutz für Embryonen zugunsten der Heilung künftiger Schwerstkranker ausgesetzt werden dürfe oder sogar müsse. An die Gegner dieser Position geht der moralisierende Vorwurf, dem abstrakten Prinzip des Lebensschutzes für Embryonen werde die Gesundheit oder gar das Überleben zukünftiger Kranker geopfert. Die so konstruierte Alternative, Embryonen zu schützen oder Kranke zu heilen, fügt sich gut in den politischen Hintergrund der Stammzellendebatte: den Zugriff auf eine biotechnologische Innovation, die eine Beförderung des Standortes Deutschland verspricht, welcher das Embryonenschutzgesetz[3] bis zur Verabschiedung des neuen Stammzellgesetzes[4] am 24. April 2002 im Weg stand. Das Stammzellgesetz verbietet zwar die Herstellung und den Import von menschlichen embryonalen Stammzellinien, gestattet jedoch zugleich den Import bestimmter solcher Zellkulturen zu hochrangigen Forschungszwecken. Daß auch die Schaffung neuer Arbeitsplätze ein dem Lebensschutz ebenbürtiger »moralischer Wert« für die unter Arbeitslosigkeit »leidende« Gesellschaft sei, ist eine aufschlußreiche Verwechslung von dem moralischen Recht auf Leben mit subjektiven Interessen im Leben, die zeigt, wie diffus der Begriff des moralischen Wertes in der Debatte gebraucht wird. Der Ausgang dieser Abwägung zwischen frühen menschlichen Embryonen auf der einen und Kranken sowie Wirtschaft auf der anderen Seite stand bereits mit der Behauptung, daß es sich hierbei um gegeneinander abwägbare Werte handele, fest. Dies ist es wohl, was Bundeskanzler Gerhard Schröder sich unter einer Diskussion »ohne ideologische Scheuklappen« vorstellt: Wer sich prinzipiell gegen diese Stammzellenfor-

---

3   Embryonenschutzgesetz (EschG), Bundesgesetzblatt Jahrgang 1990, Teil I, Nr. 69, ausgegeben zu Bonn am 19.12.1990.
4   Stammzellgesetz, (StZG), Bundesgesetzblatt Jahrgang 2002, Teil I, Nr. 42, ausgegeben zu Bonn am 29.06.2002.

schung ausspreche, argumentiere von vornherein ideologisch; allen voran die katholische Kirche, deren Glaubenssätze zwar achtenswert, aber nicht zeitgemäß seien. Auch alle weiteren Gegner der Stammzellenforschung, die jede Abwägbarkeit in dieser Frage ablehnen, da sie mit unbedingten moralischen Prinzipien argumentieren, werden als Träger ideologischer Scheuklappen denunziert. Doch wer auf unbedingte Prinzipien verzichten will, verzichtet auf Moral – was bleibt, ist ein Moralisieren, dessen Grund keine Allgemeinheit beanspruchen kann, sondern stets partikular, nämlich subjektiver Willkür unterworfen ist.

Soll der moralische Gehalt der Frage, ob menschliche Embryonen ein auf Menschenwürde gründendes Lebensrecht haben oder zu Forschungszwecken getötet werden dürfen, ernst genommen werden, muß von der wirtschaftspolitischen Bedeutung der Stammzellenforschung in Deutschland abgesehen werden. Darum eignet sich die vorliegende Arbeit vermutlich nicht als ein Ratschlag an das Parlament, das an den Auswirkungen der Stammzellenforschung für den Standort interessiert sein muß. Wenn im Folgenden von der politischen Legitimationsfunktion, welche die Stammzellendebatte kennzeichnet, abgesehen wird, dann um dem vorgeblichen Gegenstand gerecht zu werden. Die Frage, ob menschliche Embryonen Würde haben, soll hier jenseits der berechtigten Ideologiekritik ernst genommen werden. In den ersten drei Kapiteln sind darum die motalisch intendierten Argumentationen für respektive gegen die Forschung mit frühen Embryonen Gegenstand. Indem in den letzten drei Kapiteln der Gehalt der philosophischen Begriffe Moral, Menschheit und Menschenwürde im Rekurs auf Immanuel Kant dargestellt wird, zeigt sich zum einen, worin der grundsätzliche Mangel der gesamten Stammzellendebatte besteht, und zugleich, daß der Inhalt dieser Begriffe notwendig über gesellschaftliche Verhältnisse hinausweist, in denen sie auf Worthülsen gebracht werden, die dann zu Zwecken instrumentalisiert werden können, welche dem Inhalt jener Begriffe widerstreiten: zur Vernutzung menschlichen Lebens.

Die Antwort auf die Frage, ob das unbedingte Lebensrecht des Menschen auch für Embryonen gilt, setzt die Beantwortung der Frage voraus, ob, und wenn ja, warum Menschen ein unbedingtes Lebensrecht zukommt. Der Antwort hierauf, daß Menschen aufgrund ihrer Würde zu achten sind, was ihrer Tötung widerspricht, ist die Bestimmung der Würde sowie ihres Subjekts, des Menschen, vorausgesetzt. Es wird sich zeigen, daß die Antwort auf die Frage »Was ist der Mensch?« nicht rein biologisch, sondern nur metaphysisch gegeben werden kann.

Die deutsche Stammzellendebatte

In der Stammzellendebatte geht es um die Frage, ob menschliche Embryonen im frühesten Stadium ihrer Entwicklung zu Forschungszwecken getötet werden dürfen. Seit einigen Jahren findet Forschung an menschlichen embryonalen Stammzellen statt. Dies setzt die Tötung von Embryonen voraus. Bereits 1998 gelang es Wissenschaftlern in den USA, embryonale Stammzellen in Kulturen zu halten und zu vermehren. In Deutschland begann eine öffentliche Diskussion über das Für und Wider dieses Forschungszweiges erst im Dezember 2000, nachdem das britische Parlament den Beschluß gefällt hatte, die Forschung mit menschlichen Embryonen innerhalb der ersten 14 Tage ihrer Entwicklung[5] zu erlauben. Am 24. April 2002 verabschiedete der Deutsche Bundestag das Stammzellgesetz, das den Import von bereits existierenden humanen Stammzellinien unter engen Voraussetzungen, die sich weitgehend mit den Empfehlungen der Deutschen Forschungsgemeinschaft (DFG) vom Mai 2001 decken, zuläßt. Die ersten Stammzellen menschlicher Embryonen wurden Weihnachten 2002 aus Israel nach Deutschland importiert, nachdem der entsprechende Antrag des Biologen Oliver Brüstle von der DFG genehmigt worden war.[6]

Gegenstand der Debatte

In der ersten Entwicklungswoche besteht ein Embryo aus gleichartigen Zellen, die sich später zu differenzierten Gewebezellen entwickeln. Jede dieser Zellen hat die Potenz, sich zu jedem der 270 menschlichen Körpergewebe zu entwickeln. Bis zum Achtzellstadium gelten die Zellen des menschlichen Embryos als totipotent, d. h. aus jeder einzelnen Zelle kann ein vollständiger menschlicher Organismus wachsen. Je weiter die Entwicklung des Embryos fortschreitet, desto weniger Entwicklungspotential hat die einzelne Zelle. Im Blastozystenstadium zwischen dem vierten und siebten Tag der Entwicklung

---

5   Bis zum Zeitpunkt der Nidation, d. i. der Einnistung des Embryos in die Gebärmutter bei herkömmlicher Entwicklung.
6   Der Neurobiologe Oliver Brüstle ist ein Mitglied des Nationalen Ethikrates. Vgl. *Frankfurter Rundschau* vom 24.01. 2003.

gelten die Zellen im Inneren der Blastozyste, aus denen sich später der Fötus entwickelt, als pluripotent: Jede Zelle kann zu jeder spezifischen Gewebeart heranwachsen, ist jedoch nicht mehr in Lage, sich zu einem vollständigen Organismus zu entwickeln. In diesem Stadium werden gewöhnlich die embryonalen Stammzellen (ES-Zellen) entnommen, der Embryo stirbt dabei ab. Die isolierten Stammzellen werden dann als Stammzellinien kultiviert und gezüchtet.[7]

Ähnliche Zellen lassen sich durch andere Verfahren gewinnen. Eine Möglichkeit ist die Zellentnahme aus Embryonen, die zwischen der fünften und neunten Woche abgetrieben wurden. Ihnen werden Keimzellen entnommen, die Vorläufer von Ei- oder Samenzellen. Diese embryonic germ cells (EG-Zellen) weisen gegenüber den ES-Zellen einige Besonderheiten auf, gleichen ihnen jedoch in der Pluripotenz. Auch aus dem Nabelschnurblut Neugeborener können Stammzellen gewonnen werden. Neben den ES- und EG-Zellen gibt es noch adulte Stammzellen, die Erwachsenen z. B. aus dem Knochenmark entnommen werden. Deren entwicklungsbiologisches Potential ist jedoch begrenzt, weshalb sie als multipotente Stammzellen bezeichnet werden. Da diese Arten der Stammzellengewinnung kein Absterben eines Embryos zur Folge haben – EG-Zellen werden post mortem entnommen, sie setzen den Tod eines Embryos lediglich voraus, aber bewirken ihn nicht –, gehören sie nicht zum eigentlichen Gegenstand der Debatte um verbrauchende Embryonenforschung. Sie seien hier dennoch erwähnt, da diese möglichen Alternativen der Stammzellengewinnung als Argument gegen die Notwendigkeit, frühes menschliches Leben zu töten, verwendet werden.

Durch bestimmte Nährstoffe, Wachstumsfaktoren oder Genmanipulation sollen die Zellen der gewonnenen Stammzellinien angeregt werden, spezifische Gewebearten zu bilden. Ziel hierbei ist die Isolierung und Vermehrung bestimmter Gewebearten. Im Tierversuch gelang es bereits, auf diesem Weg Herz- und Nervengewebe zu züchten. Insbesondere die Transplantationsmedizin sieht hier die Möglichkeit, Probleme wie den Mangel an Spenderorganen oder die Nebenwirkungen der Immunsuppression[8] zu lösen. Durch therapeutisches Klonen, bei dem der Kern aus einer Körperzelle des Patienten in eine zuvor entkernte Eizelle gepflanzt wird, um dann aus den ES-Zellen des

---

7 Dieses Verfahren für menschliche ES-Zellen wurde erstmals in der am 06.11. 1998 erschienenen Ausgabe der Fachzeitschrift *Science* beschrieben. Thomson, Iskovitz-Eldor, Shapiro, Waknitz, Swiergel, Marshall, Jones, 1998, S. 1145 ff.
8 Die medikamentöse Unterdrückung der Immunreaktion auf das fremde Gewebe.

so entstandenen genetisch identischen Embryos einen Ersatz für das erkrankte Organ zu züchten, könnte die gefürchtete Abstoßungsreaktion des Organismus gegen fremdes Gewebe vermindert werden.[9]

Die Entwicklungsmöglichkeiten dieser Zellen wecken hohe Erwartungen, auch wenn – oder gerade weil – deren technische Umsetzbarkeit noch sehr ungewiß ist und die Grenzen des Potentials dieser möglichen Technik bisher unbekannt sind. »*Menschliche embryonale Stammzellen faszinieren unsere Vorstellung, denn sie sind unsterblich und haben ein fast unbegrenztes Entwicklungspotential. [...] Ihre Fähigkeit zur Vermehrung und Entwicklung verspricht eine im Prinzip unbegrenzte Versorgung mit spezifischen Zelltypen zu Transplantationszwecken für eine ganze Reihe von Erkrankungen, vom Herzinfarkt über Morbus Parkinson bis zur Leukämie.*«[10]

Während die verbrauchende Embryonenforschung, also die Tötung von menschlichen Embryonen zu Forschungszwecken, vielen als unmoralisch gilt, sehen andere angesichts der medizinischen Möglichkeiten hier eine moralische Pflicht zur Forschung.[11]

Die Gegner

Zu den strikten Gegnern der verbrauchenden Embryonenforschung gehört die katholische Kirche, deren Stimme in der Stammzellendebatte erstaunlich viel Beachtung fand. Im *Beschluß der Vollversammlung des Zentralkomitees der deutschen Katholiken zu Fragen der biomedizinischen Entwicklung*

---

9   Allerdings ist ein Klon aus Kerntransfer nicht genetisch identisch mit der DNA des eingepflanzten Zellkerns; durch Vermischung mit der Mitochondrien-DNA, somatische Mutationen, Telomerenvariationen und verschiedene Umwelteinflüsse wird die DNA des Klons verändert. In der Praxis des Klonens kommt es zudem häufig zu Fehlentwicklungen und Tumorenbildung, so daß nur wenige Klone lebensfähig sind.
10 Thomson, wissenschaftlicher Leiter der Forschergruppe, der die Herstellung der ersten ES-Linie gelang. In: Holland, Lebacqz, Zoloth (ed.), *The Human Embryonic Stem Cell Debate: Science, Ethics and Public Policy*, MIT Press 2001, S. 15 ff.
11 Die Begriffe Ethik und Moral werden in der Debatte, soweit sich das feststellen läßt, synonym gebraucht. Ethik, vom griechischen Ethos, ist durch Gewöhnung erlerntes sittliches Handeln. Moralisch ist nach Immanuel Kant dagegen das Handeln, das durch allgemeine, vernünftige Prinzipien begründet ist. Daß diese inhaltliche Unterscheidung der Begriffe in der Stammzellendebatte nicht berücksichtigt wird, ist kein Zufall, sondern auch ein Hinweis darauf, daß die historisch entstandenen und in der Verfassung wie im Grundgesetz der Bundesrepublik Deutschland manifestierten ethischen Werte als vernünftig, also als moralische Werte angesehen werden.

und ihrer ethischen Bewertung, der am 4. Mai 2001 verabschiedet wurde, heißt es:

»*Das menschliche Leben beginnt mit der Verschmelzung von Ei- und Samenzelle zur befruchteten Eizelle mit doppeltem Chromosomensatz. Ab diesem Moment entwickelt sich menschliches Leben nicht zum Menschen, sondern als Mensch. Jeder Versuch, eine andere Grenze für den Beginn des menschlichen Lebens und damit für die Schutzwürdigkeit des Menschen zu ziehen, ist willkürlich.*«[12]

Der Beginn menschlichen Lebens wird hier nach heutigen biologischen Erkenntnissen bestimmt. Mit der Verschmelzung von Ei- und Samenzelle entsteht etwas Neues, ein Chromosomensatz mit individuellem Genom. Die befruchtete Eizelle ist qualitativ von der Summe von Ei- und Samenzelle verschieden. Ei- und Samenzelle sind menschliche Zellen, die befruchtete Eizelle dagegen ist ein menschlicher Organismus, der sich durch die weiteren Stadien des Wachstums entwickelt: zur Blastozyste, zum Embryo, zum Fötus, zum Säugling, zum Kind und schließlich zum Erwachsenen. Im Laufe dieser Entwicklung entstehen Organe, bilden sich Nervenzellen aus und wächst das Gehirn; jedoch erschaffe keine dieser Stufen eine spezifische organische Qualität, die den Menschen erst zum Menschen mache, zu dem, was geachtet und geschützt werden muß. Denn die Würde des Menschen sei nichts Materielles und somit nicht an einen bestimmten Entwicklungsstand der Organe seines Körpers gebunden. »*Alle Entwicklungsstufen können die Kontinuität des gesamten Prozesses, in dem sich ein Lebewesen nicht zum Menschen, sondern als Mensch entwickelt, nicht in Frage stellen. So ist es willkürlich, bestimmte Zäsuren innerhalb dieses Kontinuums als Bezugspunkte für Stufen der Anerkennung des menschlichen Lebens zu nehmen. Auf das Leben, das mit der Verschmelzung von Ei- und Samenzelle beginnt, bezieht sich die Anerkennung und der Schutz: Dieser Zellhaufen ist mit der Personenwürde umkleidet, beglänzt, umleuchtet.*

Eine solche Aura ergibt sich freilich nicht aus dem materiellen Substrat als solchem, nicht von Natur aus. [...] Sie [die Würde][13] *ist ihm [dem Menschen] zugesprochen, verliehen, zu Lehen gegeben – von dem, der in dieser Würde bedingungslos sich selbst zusagt und hingibt: von Gott. So kommt mir meine Würde als Mensch* »*ohn' all mein Verdienst und Würdigkeit*« *zu. Sie ist*

---

12 Zitiert nach: http://zdk.de/data/erklaerungen/pdf/Beschluss_der_VV_zu_Fragen_der_ biomedizinischen_Entwicklung_deutsch_pdf.pdf, gesehen am 02.10. 2002.
13 Alle eckigen Klammern in Zitaten sind Ergänzungen oder Anmerkungen der Autorin

mir ebenso kategorisch entzogen wie kategorisch gewährt; sie ist mir unverdient gegeben und kann mir deshalb von keinem Menschen genommen werden. [...] Dass in der schlechthinnigen Gratuität der entscheidende Gesichtspunkt zur Bestimmung der Würde des Menschen und seines Personseins liegt, muss deshalb mit höchstem Nachdruck betont werden, weil bis heute – wenn auch in neuen Gestalten – die alte europäische Tradition dominiert, derzufolge die Würde des Menschen in seiner als Selbstbestimmung verstandenen Vernunft, in seiner Selbstmächtigkeit liegt und die Person zudem als individuelle Vernunftsubstanz [...] verstanden wird. Wenn in scharfem Kontrast dazu primär die dem Menschen als Geschöpf Gottes vorlaufend zukommende, unbedingte und unverdiente Anerkennung – und nichts anderes ist die Schöpfung aus dem Nichts! – die Würde und das Personsein des Menschen ausmacht, hat dies für die Bioethik weit reichende Konsequenzen.«[14] Nämlich die, nein zu sagen zu jeder Art von Forschung, deren Bedingung die Zerstörung von Menschen in ihrer frühen Entwicklung ist.

Auch wenn der Beginn des menschlichen Lebens biologisch bestimmt wird, so die Argumentation der katholischen Kirche, lasse sich nur religiös begreifen, was der Mensch sei: ein Geschöpf Gottes, nach dessen Ebenbild geschaffen, mit göttlichem Odem belebt und durch göttliche Gnade mit einer aus Gott stammenden Würde versehen. Der Mensch erlange diese Würde nicht aus eigener Kraft. Sie sei an keine bestimmte körperliche oder geistige Bedingung geknüpft, sondern komme ihm uneingeschränkt und unbedingt zu, und zwar vom Anfang seines Lebens an und verlange unbedingte Achtung. Dieses Resultat deckt sich mit Art. 1. Abs. 1. des Grundgesetzes *»Die Würde des Menschen ist unantastbar«*[15] und dem Embryonenschutzgesetz, das in § 8 Abs. 1. den Embryo als »*befruchtete, entwicklungsfähige menschliche Eizelle vom Zeitpunkt der Kernverschmelzung an, ferner jede einem Embryo entnommene totipotente Zelle*«[16] definiert und den so bestimmten Embryo unter Schutz stellt. Diese Übereinstimmung mit der geltenden Gesetzgebung verleiht den Argumenten der katholischen Kirche in der Stammzellendebatte ein politisches Gewicht.

Eine Argumentation gegen die Tötung früher Embryonen, die sich nicht auf eine religiöse Überzeugung stützt, sondern die Würde dem Menschen aufgrund seiner Vernunftbegabung zuspricht, führt Ludger Honnefelder in

---

14 Oswald Bayer, Professor für Systematische Theologie, in: *Die Zeit*, 28.12. 2000.
15 Grundgesetz (GG), Art. 1, Abs. 1.
16 Embryonenschutzgesetz (EschG), § 8, Abs. 1.

seinem Aufsatz *Natur und Status des menschlichen Embryos: Philosophische Aspekte*: »*Mit der deskriptiven Kennzeichnung des Menschen, Individuum einer Art zu sein, zu deren Natur es gehört, ein Lebewesen zu sein, das das Vermögen des Vernunftgebrauchs besitzt, ist [...] zugleich ein* Werturteil *verbunden.*«[17] Vernunftbegabung ist die spezifische Differenz des Menschen, das, was ihn wesentlich von den Tieren unterscheidet. Das Vermögen zur Vernunft, so Honnefelder, gehöre zum Begriff des Menschen; nicht als eine Eigenschaft, die er zusätzlich zu seiner materiellen Existenz besitze, sondern als die Art, auf die der Mensch existiert: als vernunftbegabtes Sinnenwesen. Da Vernunftbegabung wesentlich zum Begriff des Menschen gehöre, komme sie als Bestimmung jedem Menschen zu – gleich, ob dieser Vernunft aktuell hat, hatte oder niemals haben wird. Wir »*schreiben dem Menschen im Unterschied zu allen anderen Lebewesen deshalb einen unbedingten Wert zu, weil er das mit Vernunft begabte Lebewesen ist, zu dessen Natur es gehört, sich zu sich selbst verhalten und selbstgewählte Zwecke verfolgen zu können. [...] Der absolute Wert des Menschen wird nicht aus seiner Natur gefolgert, sondern er wird seiner Natur in Form eines letzten praktischen Urteils zugesprochen. [...] Bezeichnet [...] Mensch eine natürliche Art, zu deren Natur es gehört, sein Leben als dieses Lebewesen, das es ist, zu einem bestimmten Zeitpunkt zu beginnen und zu einem anderen zu beenden, dann gelten das Prädikat Mensch und die dem Menschen zugeschriebene Werthaftigkeit vom Beginn des menschlichen Lebens bis zum Tod des Menschen.*«[18] Da der Embryo zur natürlichen Art Mensch gehört, habe er den absoluten Wert eines Menschen, der der Natur des Menschen zugesprochen werde. Honnefelder stützt sich dabei auf »*das Argument, daß aus den praktischen Urteilen, die unserer Vorzugswahl unter verschiedenen Gütern zugrunde liegen, hinlänglich hervorgeht, daß wir dem Menschen einen absoluten Wert zumessen.*«[19] Dieser absolute Wert sei die Würde, die sich jeder Abwägung gegen andere Güter entziehe, die unbedingt und unantastbar sei. Wenn jedoch die Würde nicht aus der Vernunftnatur geschlossen, sondern ihr »in Form eines letzten praktischen Urteils zugesprochen« wird und dieses letzte praktische Urteil bloß empirisch als wirklich vorgefunden wird, dann ist sie nicht notwendig. Die Feststellung,

---

17   Ludger Honnefelder, *Natur und Status des menschlichen Embryos: Philosophische Aspekte*, in: *Natur und Person im ethischen Disput*, Hrsg.: Mechthild Dreyer, Kurt Fleischhauer, München, S. 264.
18   A. a. O., S. 265 ff.
19   A. a. O., S. 269.

»daß wir dem Menschen einen absoluten Wert zumessen«, erklärt nicht, warum wir dies tun.

Die Befürworter

Der Präsident der Max-Planck-Gesellschaft (MPG) Hubert Markl wirft denen, die schon der Zygote, also dem frühesten Embryo nach der Verschmelzung von Ei- und Samenzelle, Menschenwürde zusprechen, vor, sie würden »*das Ei mit dem Huhn verwechseln oder sogar in einen Topf werfen [...]. Das, woraus sich etwas Neues entwickelt, ist nicht identisch mit diesem Neuen selbst. Dies gilt auch für den Menschen. Jede geborene menschliche Person ist etwas einmalig Neues, das sich aus einer befruchteten Eizelle entwickelt hat. Aber deshalb ist die befruchtete Eizelle noch lange kein Mensch, jedenfalls nicht als eine naturwissenschaftlich begründete Tatsache; allenfalls dann, wenn wir dem Begriff »Mensch« – und zwar durchaus willkürlich – eine ganz neue, andere Bedeutung als bisher zuweisen.*« Was wir angeblich könnten, weil *»«Mensch« ein kulturbezogener Zuschreibungsbegriff von Menschen ist und keine biologische Tatsache. [... D]er Mensch wurzelt zwar in seiner Biologie, aber er ragt zugleich weit aus ihr heraus. Deshalb kann sich seine Definition auch nicht in molekulargenetischen Tatsachen wie dem chemisch beschreibbaren Vorhandensein jener 3,2 Milliarden Nukleotiden bestimmter Reihenfolge in einer Zygote erschöpfen.*« Hubert Markl plädiert für eine Zuschreibung des Menschseins nicht vom Zeitpunkt der Zeugung an, sondern ab der Nidation, der Einnistung der Eizelle in den Uterus. Diese Zuschreibung stützt sich darauf, daß im natürlichen Prozeß der Embryo vor der Nidation auch nur wenig geschützt sei: »*[B]eim Menschen wird berichtet, dass mehr als jede zweite Leibesfrucht durch spontanen Frühabort verloren geht [...]. Die eigentliche »biologische Entscheidung« zur Menschwerdung fällt daher tatsächlich mit der Einnistung des Keimes im Uterus, nicht schon mit der Befruchtung.*«[20] Biologisch sind das Absterben einer Zygote durch spontanen Frühabort und das Absterben einer Zygote durch Zellentnahme im Labor nicht unterschieden. Die signifikante moralische Differenz besteht darin, daß

---

20 *Die Zeit*, 22.06. 2001, *Freiheit, Verantwortung, Menschenwürde: Warum Lebenswissenschaften mehr sind als Biologie.* Ansprache des Präsidenten Hubert Markl anläßlich der 52. Ordentlichen Hauptversammlung der Max-Planck-Gesellschaft zur Förderung der Wissenschaften.

letzteres den Willensakt eines Menschen voraussetzt. Es ist die Differenz zwischen Sterben und Töten, die in Markls Argumentation verwischt wird.

Die wichtigste Befürworterin der Forschung mit Stammzellinien, die aus menschlichen Embryonen gewonnen wurden, ist die Deutsche Forschungsgemeinschaft (DFG). Bei ihr werden solche Forschungsvorhaben beantragt – der bekannteste Antragsteller ist Oliver Brüstle, dessen Forschungen in den USA mit Nervenzellen an Ratten angeblich vielversprechende Resultate vorweisen und der seine Forschungen jetzt in Deutschland mit menschlichen ES-Linien aus Israel fortführt – und sie verteilt einen Großteil der Gelder für Grundlagenforschung.

In ihrer Stellungnahme zur Forschung mit menschlichen Stammzellen vom 3. Mai 2001 empfahl die DFG dem Gesetzgeber, den Import von im Ausland hergestellten pluripotenten Stammzellinien, die aus »überzähligen«[21] Embryonen mit Einwilligung der Eltern gewonnen wurden, aus der rechtlichen Grauzone zu holen und ausdrücklich zu gestatten, wenn ein Prüfungsverfahren, das die geplanten Versuche wissenschaftlich und ethisch absegnet, stattgefunden hat. In einem zweiten Schritt soll es Forschern in Deutschland gestattet werden, solche Stammzellinien selbst herzustellen, falls sich die importierten Linien als mangelhaft erweisen. Daß dieser Fall – zumindest bei erfolgreicher Forschung – eintreten wird, ist sicher. Denn zum einen gelten nur wenige der weltweit ca. 70 menschlichen Stammzellinien als stabil, zum anderen werden alle heutigen Stammzellinien des Menschen auf Feeder-Zellen der Maus gehalten; ein Übersprung einzelner Gene ist nicht auszuschließen, sogar wahrscheinlich. Spätestens für den Einsatz der entwickelten Methoden am Menschen müßten neue ES-Linien auf humanen Feeder-Zellen produziert werden.

In der Begründung dieser Stellungnahme geht die DFG von einem abgestuften, mit der Entwicklung allmählich ansteigenden Lebensschutz des Menschen aus, so daß »*der Lebensschutz früher Embryonen grundsätzlich gegen andere gewichtige moralische Werte abgewogen werden kann. [...] Ebenso wie das Recht auf Leben ist auch das Recht auf Freiheit der Forschung nicht nur ein von der Verfassung geschütztes Recht [s. Art. 5 Abs. 3 Satz 1 GG], sondern auch ein ethischer Wert, dessen Rang sich aus der Sub-*

---

21   Als »überzählige«, »verwaiste« oder »todgeweihte« Embryonen werden solche bezeichnet, die zur Herbeiführung einer Schwangerschaft durch künstliche Befruchtung in vitro erzeugt, aber nicht zu diesem Zweck verwendet wurden. In Deutschland wird ihre Zahl auf etwa hundert geschätzt. Da das EschG eine Embryonenspende ausschließt und die Kryokonservierung nicht unbegrenzt möglich ist, sterben diese Embryonen irgendwann ab.

jektstellung des Menschen und der Funktion von Wissenschaft und Forschung für das Wohl von Individuum, Staat und Gesellschaft ergibt. Dies erfordert Unabhängigkeit im Sinn von Rechtfertigungsfreiheit. [...] Wie aus den vorausgehenden naturwissenschaftlichen Ausführungen hervorgeht, verspricht die Forschung mit Embryonen Erkenntnisfortschritte, zudem knüpfen sich hieran Hoffnungen auf neue therapeutische Verfahren. [...] Insgesamt muß die Verfolgung der genannten Ziele in ethischer Hinsicht als dringlich betrachtet werden, geht es doch um die Förderung des menschlichen Lebens selbst, dem als einem fundamentalen Gut im Vergleich zu anderen Gütern [hier dem Schutz menschlichen Lebens] ein besonderer Rang zukommt.«[22]
Daß ein besonderer moralischer Wert der Forschung darin bestehe, sich nicht moralisch rechtfertigen zu müssen, sondern frei »im Sinn von Rechtfertigungsfreiheit« zu sein, führt auf einen sich widersprechenden Moralbegriff und ist also falsch. Tatsächlich rechtfertigt die DFG die Stammzellenforschung moralisch, wenn sie die Linderung oder Heilung schwerer Krankheiten anführt, um eine Abwägung *»zugunsten der Forschungsfreiheit, mit der Absicht, gravierende menschliche Leiden behandeln zu können«,*[23] anzustellen.

Unter kapitalistischen Bedingungen muß die freie Forschung sich selten moralisch, aber fast immer finanziell rechtfertigen. Die Maßgabe, daß eine Forschung zumindest langfristig wirtschaftlichen Nutzen bringen soll, ist dem Willen des einzelnen Wissenschaftlers weitgehend entzogen; sie begegnet ihm als Sachzwang: Die Forschung muß finanziert werden. Welche Forschung betrieben wird, hängt auch daran, ob Gelder für diese Forschung zur Verfügung stehen. In der Biotechnologie arbeiten Wissenschaftler häufig als Teilhaber biotechnologischer Firmen, die sich seit Mitte der neunziger Jahre auch in Deutschland u. a. durch den Gang an die Börse finanzieren.[24] Hier ist die Heilung von Krankheiten zwangsläufig bloßes Mittel zum Zweck des Profits. So wurde das Nationale Genomforschungsnetz (NGFN), das vom Bundesministerium für Bildung und Forschung gefördert wird, mit dem Ziel gegründet, durch eine enge Zusammenarbeit von akademischer und industrieller Forschung die ökonomische Verwertung molekulargenetischer Behandlungsme-

---

22   *Empfehlungen der Deutschen Forschungsgemeinschaft zur Forschung mit menschlichen Stammzellen* vom 3. Mai 2001, Anhang *naturwissenschaftlicher, juristischer, ethischer Hintergrund,* S. 31 ff.
23   Ebd.
24   Vgl. *Financial Times Dt. Portfolio* vom 16.02.2001, »Euphorie des Augenblicks« und *Frankfurter Allgemeine Zeitung* vom 31.05. 2001, »Bioingenieure im Rausch der Geschwindigkeit«.

thoden zu forcieren. In einer Selbstdarstellung der NGFN heißt es: »*Nur durch die Anwendung der neuen Methoden [der molekularen Genetik im weitesten Sinne; hierunter fällt auch die Forschung mit embryonalen Stammzellen] können wir hoffen, viele der komplexen Krankheitsprozesse besser zu verstehen, besser zu vermeiden und besser zu behandeln. Diese Aufgabe ist von höchster gesundheitspolitischer und ökonomischer Bedeutung auch und gerade für Industrienationen, die trotz einer alternden Bevölkerung mehr* »*Gesundheit*« *zu vertretbaren Kosten für das Sozial- und Gesundheitssystem erreichen wollen. [...] Der Einfluss dieser Erkrankungen [sogenannter Volkskrankheiten von Asthma bis Paradontitis] auf die Volksgesundheit und der wirtschaftliche Schaden sind gewaltig. [...] Ein wichtiger Aspekt der Förderinitiative NGFN ist die schnelle und wirtschaftlich erfolgreiche Nutzung der Forschungsergebnisse. Neue diagnostische und therapeutische Ansätze können nur dann den Patienten zugute kommen, wenn sie durch industrielle Verwertung in verläßlicher Qualität und hinreichender Menge zu angemessenen Preisen allgemein verfügbar werden. Das NGFN leistet somit auch einen Beitrag zur Schaffung neuer Arbeitsplätze und trägt zur Stärkung der nationalen biomedizinischen Unternehmen bei.*«[25] Auch wenn suggeriert werden soll, daß durch die ökonomische Verwertung der Forschungsergebnisse Patienten und Wirtschaft gleichermaßen gedient sei, steht hier der wirtschaftliche Nutzen deutlich im Vordergrund.

Dessen ungeachtet erscheint ethisches Handeln in der Stellungnahme der DFG ebenso als leitendes Motiv wie in der Argumentation der katholischen Kirche. Doch im Unterschied zur christlichen Position stellt sich die Ethik in der Argumentation der DFG als Interessenkonflikt zwischen Embryonen und Patienten dar: Dem Recht auf Leben früher Embryonen wird »die Förderung des menschlichen Lebens selbst« in Gestalt von Forschung und Heilungsversprechen entgegengesetzt.

Eine moralische Abwägung, bei der Würde und Schutz menschlichen Lebens auf jeder Seite in der Waagschale liegen, erscheint zunächst als schwierig. Um diesen Konflikt abzuschwächen und die Entscheidung zugunsten einer Seite zu erleichtern, sollen nach Vorstellung der DFG Alternativen zur verbrauchenden Embryonenforschung, insbesondere die Erforschung adulter Stammzellen, vorrangig gefördert werden. Nur wenn sich keine Alternativen bieten,

---

25 *Krankheitsbekämpfung durch Genomforschung: Das Nationale Genomforschungsnetz*, Hrsg.: Bundesministerium für Bildung und Forschung, Januar 2003, S.16 ff.

soll auf ES-Zellen zurückgegriffen werden dürfen: »*Darüber hinaus muß gezeigt werden, daß Forschung dieser Art erforderlich ist, d. h. daß gleichwertige Forschungsalternativen – etwa im Tiermodell oder durch Verwendung ethisch weniger problematischer Methoden der Stammzellforschung – nicht in Betracht kommen, um die deklarierten Ziele zu erreichen.*«[26] Doch gerade der Vorrang der Erforschung adulter Stammzellen wird im weiteren zum Argument für eine Forschung mit ES-Zellen: »*Wir sind aber zur Überzeugung gekommen, daß, wer sich diesem Ideal [Patienteneigene, adulte Stammzellen in den gewünschten Zelltyp umzuwandeln] nähern will, diesen Prozess der Reprogrammierung verstehen muß, und zwar zu diesem Zeitpunkt von beiden Richtungen her, also von den ES-Zellen her und von den adulten Stammzellen her. Dies bedarf also einer Art von Parallelforschung, zumindest eine Zeit lang, bis die jeweiligen entwicklungsbiologischen Potentiale verstanden sind und die Umsteuerung gezielt erfolgen kann.*«[27] Die Forschungsalternativen bedeuten demnach keinen Verzicht auf die verbrauchende Embryonenforschung, sondern lediglich eine vage zeitliche Beschränkung. Am moralischen Sachverhalt – der Tötung menschlicher Embryonen – ändert sich nichts, gleich ob diese Tötung zu eigenständigen Therapieverfahren führen soll oder ob sie lediglich die Erforschung adulter Stammzellen fördert.

Des weiteren lehnt die DFG die Herstellung von Embryonen eigens zu Forschungszwecken sowie das therapeutische Klonen ab, denn dies würde, vor allem im Falle des therapeutischen Klonens, die Zahl der getöteten Embryonen erhöhen. Zudem wäre die Intention bei der Herstellung des Embryos von vornherein diejenige, seine Entwicklung frühzeitig abzubrechen. »*Seine Existenz wäre bereits im Zeitpunkt der Erzeugung instrumentalisiert, Zwecken außerhalb seiner selbst untergeordnet. Menschliches Leben würde bei diesem Ansatz unweigerlich »verobjektiviert«. Dies vermag kein noch so hochrangiges Forschungsziel zu rechtfertigen.*«[28] Deshalb plädiert die DFG dafür, die Forschung auf die Verwendung von Embryonen zu beschränken, die aus nicht zu Ende geführten künstlichen Befruchtungen übrig geblieben sind. Die Beschränkung der Forschung auf die Verwendung sogenannter überzähliger Embryonen wird damit begründet, daß diese »*ohnehin ihres realen Entwicklungspotentials beraubt*« sind und »*dem Schutz der Men-

---

26 Prof. Dr. Ernst-Ludwig Winnacker, Präsident der DFG, auf der Pressekonferenz am 3. Mai in Bonn.
27 Ebd.
28 Empfehlungen der DFG, a. a. O., S. 44.

schenwürde, der auch den überzähligen Embryonen zukommt, die hochrangigen Ziele gegenüberstehen, die durch die wissenschaftliche Entwicklung inzwischen in greifbare Nähe gerückt sind.«[29] Nach dieser Begründung haben Embryonen im selben Entwicklungsstadium einen unterschiedlichen moralischen Status. Mit der Chance auf weitere Entwicklung steht und fällt ihr Lebensschutz. Zum Zeitpunkt der Zeugung darf der Embryo keinem heteronomen Zweck untergeordnet sein. Nach der Zeugung, wenn sein Lebensschutz mit der Chance auf weitere Entwicklung schwindet, sollen höhere Zwecke eben diese Unterordnung ethisch gebieten können. Im Fall der überzähligen Embryonen »*gibt es die Chance der Entwicklung zu einem menschlichen Individuum nicht. Ihr Gewicht gewinnt diese Frage, wenn sich die Forschung an solchen Embryonen als notwendig erweist, um Heilungschancen für bislang nur begrenzt behandelbare Krankheiten zu entwickeln, an denen eine große Zahl von Menschen leidet, dem Schutz des »überzähligen« Embryos also die Förderung menschlichen Lebens gegenüber steht.*«[30] Der Embryo, heißt es hier, habe ein moralisches Recht auf Schutz. Allein wenn er sowieso schon im embryonalen Stadium sterben würde bzw. sich niemals über dieses Stadium hinaus entwickeln könne, sei seine Tötung zu bestimmten hohen moralischen Zwecken tolerabel und sogar geboten. Die möglichen Heilungschancen vieler Kranker wiegen hier mehr als der Schutz weniger und zudem überzähliger Embryonen.

Angesichts weltweiter ökonomischer Bedingungen, die dazu führen, daß mehrere Millionen Menschen an Krankheiten leiden und sterben, deren Behandlung mit heutigen medizinischen Mitteln leicht möglich wäre, verwundert es, daß das Argument der neuen Heilungschancen in dieser Debatte so überstrapaziert wird. Nähme man die Absicht, leidenden Menschen zu helfen, ernst, so wären ganz andere Maßnahmen zu ergreifen als ausgerechnet die Erforschung embryonaler Stammzellen. Da dies nicht der Fall ist, kann der bloße Wunsch zu helfen nicht als ausschlaggebendes Motiv der Förderung dieser Forschung gelten. Bei der Förderung der Stammzellenforschung geht es weniger um das Leben und die Gesundheit der Menschen, sondern vielmehr um das Geschäft mit der Krankheit. Selbstverständlich hofft jeder Kranke auf Heilung, und auch die Forscher können das Ziel haben, Leiden zu lindern. Doch ist dies unter kapitalistischen Verhältnissen kein zureichen-

---

29 A. a. O. S. 41.
30 Ebd.

der Grund für die teure Entwicklung neuer therapeutischer Verfahren. Ausschlaggebend für die politische Entscheidung zur Förderung der embryonalen Stammzellenforschung in Deutschland war weniger die Hoffnung auf neue Therapien (die wahrscheinlich ohnehin im Ausland schneller entwickelt werden) als vielmehr die Hoffnung auf neue Wirtschaftszweige.

In Gegensatz zur DFG sprechen Politiker dies deutlich aus, wenn sie die wirtschaftliche Bedeutung der Stammzellenforschung als Standortfaktor hervorheben. Die CDU-Abgeordnete Katherina Reiche mahnte: *»Deutschland darf den Anschluss bei der Stammzellforschung nicht verpassen.«*[31] Mit dem Verweis auf die wirtschaftliche Bedeutung unterstützte die FDP als erste Partei die Stellungnahme der DFG und sprach sich bereits auf ihrem Parteitag Anfang Mai 2001 für eine entsprechende Änderung des Embryonenschutzgesetzes aus. Bundespräsident Johannes Rau sagte in seiner Rede *Für einen Fortschritt nach menschlichem Maß* im Mai 2001 in Berlin: *»Selbstverständlich: Wirtschaftliche Argumente haben einen legitimen Platz in der Debatte über die Nutzung des medizinischen Fortschritts. Für Arbeitsplätze sorgen, für gesicherte Lebensverhältnisse – das ist natürlich auch eine ethisch begründete Verpflichtung.«*[32] Damit fügte er den ethischen Werten Würde, Lebensschutz, Forschungsfreiheit und Heilungschancen, welche die DFG gegeneinander abwog, noch den wirtschaftsethischen Wert »Schaffung von Arbeitsplätzen« hinzu. Im Gegensatz zu den meisten anderen Politikern ließ Rau jedoch keinen Zweifel daran, daß die Menschenwürde alle anderen Werte aufwiege: *»Die Würde des Menschen läßt sich gegen keinen anderen Wert aufrechnen. [...] Wo die Menschenwürde berührt ist, zählen keine wirtschaftlichen Argumente.«*[33] Jede Abwägung gegen andere Werte »würde bedeuten, das ethisch Verantwortbare stets neu den technischen Möglichkeiten anzupassen. [...] *Ethische Reflexion darf nicht zum moralischen Deckmantel für längst getroffene Entscheidungen verkommen.«*[34] Dieser Satz sollte auf Raus eigene »ethische Reflexion« angewendet werden. Der Bundespräsident hat einer unbedingt argumentierenden Moralität bislang keine politische Geltung verschafft. Vielmehr bleiben seine moralischen Erwägungen selbst offen und unbestimmt: *»Ich glaube, dass es Dinge gibt, die wir um keines tatsächlichen oder ver-*

---

31 CDU-Abgeordnete Katherina Reiche, zitiert nach: *Süddeutsche Zeitung*, 07.05. 2001.
32 Johannes Rau, *Wird alles gut? – Für einen Fortschritt nach menschlichem Maß*, Rede vom 18. Mai 2001, Berlin, abgedruckt in: *Zeitdokument 1.2002*, a. a. O., S. 32 ff.
33 Ebd.
34 Ebd.

meintlichen Vorteils willen tun dürfen.«[35] Raus Position lebt davon nicht auszusagen, welche »Dinge« dies sind.

Bundeskanzler Gerhard Schröder machte die Nutzung importierter humaner Stammzellinien in Deutschland möglich – nicht zuletzt mit dem Argument, daß hierdurch neue Arbeitsplätze geschaffen würden. Der von Schröder selbst einberufene Nationale Ethikrat, dessen Aufgabe es ist, wissenschaftliche und technische Innovationen »nach allgemein einsichtigen Gründen zu bewerten«, hat sich in seiner *Stellungnahme zum Import menschlicher embryonaler Stammzellen* mehrheitlich für die Forschung mit ES-Zellen in Deutschland ausgesprochen. Auch er hält wie die DFG einen abgestuften Lebensschutz für ethisch fundiert: »*In allen entwickelten Rechtsordnungen wird die Tötung eines geborenen Menschen stärker bestraft als die eines Ungeborenen. Ein sieben Monate alter Fötus genießt stärkeren rechtlichen Schutz und größeren moralischen Respekt als ein Embryo drei Wochen nach der Nidation. Mit der Geburt wird der moralische Respekt unbedingt, und das Lebensrecht läßt dann Abwägungen und Differenzierungen nicht mehr zu.*«[36] Dies sei ein »*deutliches Indiz für die ethische Fundierung eines gestuften vorgeburtlichen Lebensschutzes.*«[37] Gemeint ist die Rechtspraxis der straffreien Abtreibung; hierin wird ein in der Praxis bereits existierender abgestufter Lebensschutz gesehen. »*Das Verbot der Embryonenforschung führt daher zu einem deutlich stärkeren Rechtsschutz der Embryonen in vitro als derjenigen in vivo.*«[38] Dies wird als eine reductio ad absurdum angesehen. Hierbei wird unterstellt, daß die Abtreibung im moralischen Sinne analog zur Tötung von Embryonen zu Forschungszwecken behandelt werden könne. Diese Annahme erweist sich jedoch als falsch, da sie davon abstrahiert, daß eine schwangere Frau in einem ganz anderen Verhältnis zu ihrem Embryo steht als ein Wissenschaftler zu den Objekten seiner Forschung. Die Wissenschaft braucht den Embryo als Mittel für ihren Zweck: eine Forschung, die ohne die Tötung von Embryonen gar nicht möglich wäre. Aber keine Frau setzt sich den Zweck, abtreiben zu wollen und wird hierfür schwanger – im Gegenteil. Hätte sie noch die Wahl, würde sie schon die Entstehung des Embryos in ihrem Körper nachträglich verhindern wollen. Da also der Embryo nicht Mittel zur Abtreibung ist und

---

35 Ebd.
36 Der Nationale Ethikrat, *Stellungnahme zum Import menschlicher embryonaler Stammzellen* vom 20.12. 2001, Punkt 5.1.2., *Argumente für die Gewinnung von embryonalen Stammzellen.*
37 Ebd.
38 Ebd.

die Abtreibung nicht der gesetzte Zweck ist, um dessentwillen eine Frau schwanger wird, gehört die Abtreibungsdebatte nicht zum Gegenstandsbereich der Debatte um die Stammzellenforschung, die den Embryo als bloßes Mittel gebraucht.[39]

Als weiteres Argument für den abgestuften Lebensschutz führen der Nationale Ethikrat ebenso wie Hubert Markl an, daß es eine moralisch bedeutsame Differenz zwischen menschlichem Leben und Personen gebe: *»Für die hier zu betrachtende Entwicklungsphase noch vor der Nidationsfähigkeit gilt, dass wir es dabei zwar mit artspezifischem menschlichem Leben (human life), noch nicht aber mit individuellem und personalem Leben (human being) zu tun haben. Bis zur Ausbildung des Primitivstreifen (12. – 14. Tag nach der Befruchtung) besteht die Möglichkeit der Mehrlingsbildung eines jeden so definierten Embryos. Zumindest bis zu diesem Zeitpunkt hat sich noch kein individueller Mensch entwickelt, der allein als Träger von Grundrechten in Betracht kommt.«*[40] Hier wird unterstellt, es gäbe das Leben einer Spezies ohne ihre Exemplare, indem zwischen menschlichem Leben (human life) und Personen (human being) unterschieden wird, wobei erst ein »human being« Exemplar der Spezies sein soll, wogegen ein »human life« zur Spezies gehören soll, ohne Exemplar zu sein. Klassisch kennt man den Unterschied zwischen den Einzelexemplaren einer Spezies und der Spezies, welche die die Einzelexemplare umfassende Abstraktion ist. Die Zygote ist Exemplar. Mit der obigen Unterscheidung wird eine Entwicklung vom »human life« hin zum »human being« behauptet, eine Entwicklung von einem menschlichen Leben, das noch nicht Exemplar seiner Art ist hin zum Exemplar. Das Argument für diese Konstruktion eines Lebendigen einer Spezies, das nicht Exemplar dieser

---

39 Mit dieser Differenz ist nur dargelegt, warum die Abtreibungsdebatte und die Stammzellendebatte nicht vermischt oder gegeneinander ausgespielt werden dürfen, wie es leider oft geschieht. Auf die gesellschaftlichen Implikationen der Mutterrolle und die moralische wie gesellschaftspolitische Frage nach der Abtreibung kann hier nicht näher eingegangen werden.
40 A. a. O., 5.1.1.
41 Der Primitivstreifen ist der Vorläufer von Hirn und Rückenmark. An ihm läßt sich sehen, wo sich Kopf und Unterleib entwickeln werden. Er wird daher als »Achse des Embryos« oder »Körpergrundgestalt« bezeichnet. Allerdings lassen sich nach heutigem Stand der Wissenschaft Körperachsen des sich entwickelnden Embryos schon vor der Ausbildung des Primitivstreifens bestimmen (dorso-ventrale Achse und kranio-kaudale Achse). Vgl. Prof. Dr. Günter Rager, Stellungnahme zum Entwurf eines Bundesgesetzes über die Forschung an überzähligen Embryonen und embryonalen Stammzellen vom 25. Juni 2002, http://www.kath.ch/sbk-ces-cvs/rtf/Gesetzentwurf.rtf, gesehen am 07.03.2003.

Spezies sein soll, ist ein technisches: Erst nach der Ausbildung des Primitivstreifens[41] ließe sich feststellen, um wieviele Einzelexemplare der Spezies es sich handelt. Doch daß man dies nicht vorher weiß, kann kein Argument dafür sein, daß das Leben der Zygote nicht als menschliches Leben zu schützen sei. Dies hieße, den Lebensschutz eines Menschen von dem Fortschritt wissenschaftlicher Methoden abhängig zu machen. Bei verfeinerten Analyse-Methoden müßte dann der Zygote schon ab einem früheren Zeitpunkt ein Lebensrecht zuzusprechen sein, oder umgekehrt hätte vor der Entwicklung pränataler Diagnostik das Lebensrecht erst mit der Geburt begonnen, da vorher nicht mit Sicherheit festgestellt werden konnte, ob es sich bei dem »human life« um ein einzelnes »human being« oder um Mehrlinge handeln würde.

In dem Teil der Stellungnahme des Nationalen Ethikrates, in dem Argumente gegen die SZ-Forschung und den Import von SZ-Linien aufgeführt werden, heißt es u. a.: »*Der Import von menschlichen embryonalen Stammzellen ist ethisch nicht vertretbar, weil das Potential der Forschung insbesondere an adulten Stammzellen und Stammzellen aus Nabelschnurblut viel versprechend, jedoch bisher nicht ausgeschöpft ist.*«[42] Das heißt umgekehrt: Würden sich andere Quellen als ungeeignet zur Therapie von Krankheiten erweisen, wäre die Forschung an ES-Zellen ethisch vertretbar. Dies deckt sich mit der Forderung der DFG, andere als embryonale Stammzellen vorrangig zu erforschen und geht von einer Moral aus, die sich den technischen Möglichkeiten und Erfordernissen der Forschung anpaßt. Diese Position vertritt auch Hans Joas, laut dem »*eine Kultur sich entscheidet, allen Angehörigen der Spezies Mensch die gleiche Würde zuzuschreiben. Die Frage ist eine Frage nach unserem Willen, dies zu tun. [...] Nur wenn alle anderen Möglichkeiten erschöpft sind und höhere Güter nachweislich anders nicht erreicht werden können, darf selbst für einen so eingegrenzten Zeitraum eine Freigabe erfolgen.*«[43] Joas setzt hier Wille und Willkür gleich. Der Wille, der sich zur ES-Forschung nur als »letztes Mittel« entscheidet, ist genauso willkürlich bestimmt wie der Wille, dem ES-Forschung schon eher geboten scheint.

Was die menschliche Willkür vor dieser Forschung zögern läßt, beschreibt Bettina Schöne-Seifert, Mitglied des Nationalen Ethikrates, als »*unser Gefühl, es bei Embryonen schon mit Unseresgleichen zu tun zu haben. Dieses Gefühl, Ausdruck unserer »Menschheitssolidarität«, läßt sich – und das ist gut und*

---

42 Stellungnahme des Nationalen Ethikrats, a. a. O., 6.2., (17).
43 Hans Joas, *Grenzen der Verfügbarkeit, Die Zeit*, 15.2. 2001.

wichtig so – nicht einfach abstellen und ist in der Tat ein gewichtiges Argument gegen das Abtöten und einen leichtfertigen Umgang mit embryonalen Zellen. Aber es wird deutlich schwächer, wenn man sich die fehlende äußere Menschenähnlichkeit und innere Empfindungsfähigkeit früher Embryonen vor Augen führt. Menschheitssolidarität als Grundhaltung, die uns empfindsam für das Leiden und die Belange anderer macht, ist Teil unseres moralischen Sinns und sperrt sich gegen Vernunftanalysen. Doch wo gravierende Gegenwerte auf dem Spiel stehen, läßt sie sich relativieren.«[44] Der Begriff des »moralischen Sinns« ist hier widersprüchlich bestimmt: Einerseits durch die »Menschheitssolidarität«, das Verantwortlichsein des Einzelnen für die Gesamtheit der Menschen, was eine gedachte Abstraktion von den jeweils besonderen Menschen bedeutet, und andererseits durch das Bild der »Menschenähnlichkeit« und das Gefühl des Mitleids, die sich nur auf ein jeweils konkretes Gegenüber beziehen können. Dieser »moralische Sinn«, der zum einen auf das Allgemeine gehen soll und zugleich nur das Besondere kennt, soll sich jeder Vernunftanalyse entziehen. Damit ist er immun gegen jede Kritik. Wie dieser Sinn dann durch andere »Gegenwerte« zurückgedrängt werden soll, bleibt rätselhaft. Nach Schöne-Seifert gründet Moral in einem Sinn, der sich gegen Vernunftanalysen sperrt – damit kann Moral nicht vernünftig sein. Was in der Begründung der DFG noch als ein Widerstreit moralischer Werte erschien – Embryonenschutz gegen Heilungschancen – wird hier zu einem Widerstreit zwischen Gefühl (»moralischer Sinn«) und Vernunft erklärt. Warum es allerdings vernünftig ist, Krankheiten zu heilen, wenn nicht aus dem »moralischen Sinn« heraus, helfen zu wollen, ließe sich unter dieser Prämisse nur volkswirtschaftlich begründen. Doch die »gravierenden Gegenwerte«, an denen sich unser moralischer Sinn für Embryonen durch eine Vernunftanalyse relativieren soll, sind bei Schöne-Seifert als ebenfalls moralische Werte unterstellt. Was sie meint, ist vermutlich dies: Die empathischen Gefühle der meisten Menschen sind angesichts geborener und kranker Menschen stärker als die für Embryonen von wenigen hundert Zellen gefühlte Empathie. Das mag zutreffen, doch folgt hieraus nichts.

»Zwar kann man zugeben,« antwortet der Philosoph Vittorio Hösle auf den Artikel von Schöne-Seifert, »*dass unsere moralischen Gefühle Embryonen gegenüber schwach sind – sie werden stärker, je mehr man über sie weiß, wenn man ihren Herzschlag gehört, ihre Bewegungen über Ultraschall gese-*

---

44 Bettina Schöne-Seifert, *Von Anfang an?*, Die Zeit, 22.2. 2001.

hen hat. [... Aber a]uch wenn man dahingehend argumentieren kann, dass die Sonderstellung des Menschen im Kosmos durch bestimmte moralische Akte begründet wird, die erst beim Erwachsenen eintreten, erkennen zwar nicht alle Kulturen, aber doch alle von universalistischen Rechtsprinzipien geprägten ein Lebensrecht des Kindes an. Dieses läßt sich nur damit begründen, dass das Kleinkind identisch ist mit dem späteren Erwachsenen, dass es potentiell jene Eigenschaften hat, die die Grundrechtsfähigkeit des Erwachsenen konstituieren. Wie kann man aber dem geborenen Kleinkind Grundrechte zusprechen, sie aber dem Fötus oder Embryo bestreiten?«*[45]* Da das moralische Gefühl individuell verschieden auftrete, so Hösle weiter, lasse sich hierdurch kein allgemeines Recht begründen.

Gemeinsamkeiten und Differenzen

In der deutschen Stammzellendebatte besteht Einigkeit darüber, daß Menschen Würde zukommt und daß dies Auswirkungen auch auf den frühesten Lebensabschnitt eines Menschen hat. Menschliche Embryonen dürfen – anders als Tierembryonen – nicht willkürlich von der Forschung verwendet werden. Die Enquête Kommission erklärt diesen Minimalkonsens über eine »Grundintuition« des Menschen: »*Diese Grundintuition begegnet im Kontext spezifisch religiöser Überzeugungen (wie etwa der Heiligkeit des Lebens) und wird durch sie gestützt. Doch wird diese Intuition auch von solchen für verbindlich gehalten, die die religiösen Überzeugungen nicht teilen. Offenkundig besitzt sie eine Plausibilität, die nicht zwingend an die religiösen Prämissen gebunden ist.*«[46] Geht man theoretisch von einer »Intuition« bzw. »Grundintuition« aus, ist dies eine Annahme, die durch Verschiedenes plausibel gemacht werden kann, wobei keines dieser Verschiedenen – religiöse Überzeugungen, moralische Gefühle oder auch Argumentationen – eine zwingende Begründung darstellen können soll. Wird die Menschenwürde nicht durch Vernunft begründet, sondern aus einer Intuition, dann ist es nicht zwingend, daß alle Menschen ein- und dieselbe Intuition haben müssen. Die differierenden Positionen in der Stammzellendebatte gründeten so in nicht zu hinterfragenden verschiedenen Intuitionen, die in verschiedener Weise Em-

---

45 Vittorio Hösle, *Heilung um jeden Preis?, Die Zeit*, 01.03. 2001.
46 Enquête Kommission, *Recht und Ethik der modernen Medizin*, Teilbericht Stammzellforschung nach dem Beschluß vom 12.11. 2001, S. 52.

bryonen mit einem moralischen Gefühl belegten. Aus diesen verschiedenen Intuitionen resultiere dann eine unterschiedliche Auffassung über den moralischen Status des Embryos und damit über den angemessenen Schutz. Ob die Würde des Menschen eine unbedingte Substanz ist oder sich quantitativ abstufen läßt und ab wann sie einem menschlichen Wesen zukommt, läßt sich durch ein Gegeneinanderstellen verschiedener Intuitionen nicht feststellen.

Entweder dem Menschen kommt von Anfang an, d. i. ab der Verschmelzung von Ei- und Samenzelle, Menschenwürde in vollem Maße zu. Dies bedeutet, daß er einen Zweck an sich selbst darstellt und nicht als bloßes Mittel für ihm äußere Zwecke gebraucht werden darf; sein Leben ist zu schützen. Für die Zuschreibung der Würde sind keine aktuellen Fähigkeiten wie etwa der Vernunftgebrauch erforderlich, sondern sie ergibt sich aus der Zugehörigkeit zur Menschheit. Der auf Peter Singer zurückgehende Einwand, dies sei Speziesismus, »*eine Diskriminierung [der Tiere, die von der Würde ausgeschlossen werden] allein auf Grundlage der Spezies*«, in der die Menschen »*voreingenommen zugunsten ihrer eigenen Gattung*«[47] seien, verwechselt den Zuschreibungsgrund mit dem Zuschreibungskriterium. Das Kriterium für die Zuschreibung der Würde ist menschliches Leben, also die biologische Spezies. Als Grund wurden bisher die Ebenbildlichkeit Gottes, die willkürliche kulturelle Entscheidung und das Zusprechen aufgrund der vernünftigen Natur des Menschen genannt. Welcher dieser Gründe auch angeführt wird, es folgt hieraus ein identischer Umfang der Begriffe Mensch, menschliches Leben und Person. Oder dem Menschen kommt von Anfang an Schutzwürdigkeit zu, aber der Lebensschutz ist abgestuft entlang bestimmter Stadien der Entwicklung (z. B. Bildung des Primitivstreifens, Nidation, Beginn des Hirnlebens, Überlebensfähigkeit außerhalb des Uterus). Menschwerdung wird so als Prozeß verstanden, in dem sich menschliches Leben erst allmählich zum Menschen als Person entwickelt. Das Recht auf Lebensschutz wächst mit der Entwicklung an und ist spätestens ab der Geburt ein vollständiges Recht auf Leben, da sich dieses Recht auf ein entwickeltes Individuum bezieht. Insbesondere in der frühesten Entwicklungsphase, um die es bei der ES-Forschung geht, kann nicht von einem Individuum ausgegangen werden, da in diesem Stadium der entwickelte Mensch nur als genetisches Programm angelegt und die Mehrlingsbildung möglich ist. Personen sind hiernach nur eine Teilmenge allen menschlichen Lebens.

---

47 Peter Singer, *Praktische Ethik*, Stuttgart 1984, S. 97.

Der abgestufte Lebensschutz

Die Position, daß für menschliche Embryonen ein abgestufter Lebensschutz gilt, wird in der Stammzellendebatte oft vertreten; doch wird selten versucht, die dahinter stehende »moralische Intuition« zu begründen. Einer der theoretisch avancierten deutschen Vertreter dieser Position ist Reinhard Merkel, der sich in mehreren Zeitungsartikeln an der öffentlichen Diskussion beteiligte und 2001 ein Gutachten zur Stammzellenforschung für die Bundestagsfraktion der FDP verfaßte. In seinem Buch *Forschungsobjekt Embryo* hat er seine Begründung für einen abgestuften Lebensschutz früher Embryonen dargelegt. »*Ethik*«, so seine These, »*erlaubt nicht nur, sondern gebietet, den moralischen Status früher Embryonen [...] geringer zu gewichten als den geborener Menschen.*«[48] In Folge sei »*das kategorische Verbot der Gewinnung embryonaler Stammzellen [...] nicht [...] der Ausdruck einer hohen, sondern der einer irrigen Moral.*«[49] Denn »*sind solche Chancen [der künftigen Heilung Schwerstkranker] auch nur entfernt realistisch, dann gibt es eine gewichtige moralische und daher auch politische Pflicht zu ihrer Förderung.*«[50]

Der Embryo: Achtung gebietend, aber ohne Würde

Nach Merkel ist Moral die geltende Norm für menschliche Handlungen. Ethik bezeichne die theoretische Darlegung dieser Norm. Diese Trennung der Begriffe wird jedoch nicht durchgängig eingehalten. Handlungen, so Merkel, werden ethisch sinnvoll danach beurteilt, welche Folgen sie für die »legitimen Bedürfnisse« der von der Handlung Betroffenen haben, nicht nach den Motiven der Handelnden; denn die Motive selbst seien nicht sichtbar, ließen sich also nicht zweifelsfrei feststellen und entzögen sich dadurch weitgehend einer Bewertung. Handlungen sollen auf »*fundamentale Bedürfnisse Rücksicht*« nehmen, »*die jedes Menschenleben kennzeichnen, also allen Men-*

---

48 Reinhard Merkel, *Forschungsobjekt Embryo*, München 2002, S. 10.
49 Ebd.
50 A. a. O., S. 12.

schen in gewissem Grade gemeinsam sind: Lebenserhaltung, körperliche Unversehrtheit, Schmerz- und Leidvermeidung, Befriedigung von Hunger, Durst und anderer elementarer Bedürftigkeit von Körper und Seele, ein Mindestmaß an persönlicher Freiheit, Bedingungen der Selbstachtung und vielleicht noch einige weitere. Die Forderung, Auswirkungen von Handlungen auf solche Bedürfnisse anderer Menschen für die ethische Beurteilung vorrangig zu berücksichtigen, dürfte wegen der Universalität dieser Bedürfnisse ebenfalls nahezu universell konsensfähig sein. Damit ist sie als methodische Grundmaxime zur Fundierung moralischer Normen plausibler, leistungsfähiger, kurz, vernünftiger [als eine moralische Beurteilung nach »Werten, Prinzipien oder Idealen«].«[51] Dieser Begriff von Moral wird von der Bestimmung des Menschen als Sinnenwesen hergeleitet. Der Mensch sei wesentlich bedürftig, ein Sinnenwesen wie jedes Tier und damit ein Mangelwesen mit fundamentalen und darum legitimen Bedürfnissen, deren Verweigerung oder Einschränkung moralisch zu verurteilen sei. Da alle Menschen diese Bedürfnisse gleichermaßen hätten, könne es einen Konsens darüber geben, sich die Erfüllung der Bedürfnisse nicht wechselseitig zu beschneiden. Mit dieser Verabredung, die »nahezu universell konsensfähig« sei, werde eine gesellschaftliche Norm geschaffen: die Moral – die zwar nicht universell, aber doch »nahezu« universell gelte.[52]

Diese Norm sei einerseits unter der Voraussetzung eines breiten gesellschaftlichen Konsenses veränderlich, müsse andererseits jedoch selber gegen Änderungen, die der moralischen Intuition großer Bevölkerungsteile entgegenstehen, also gegen Angriffe auf die geltende Norm, geschützt werden, auch wenn es rationale Gründe für eine solche Änderung geben möge; denn die Moral selbst sei ein moralisches Gut, da durch sie eine gewisse gesellschaftliche Stabilität gewährleistet werde. Daß die Moral selbst als moralisches Gut unter die Moral fallen soll, der Wert der Moral also darüber bestimmt werden soll, daß diese moralisch sei, führt in einen argumentativen Zirkel, in dem Begründetes und Begründendes zusammenfallen. Dieser Bestimmung Merkels der Moral als Selbstbegründendes widerspricht, daß er Moral zugleich funk-

---

51 A. a. O., S. 126 f.
52 Dagegen wird in der Tradition des deutschen Idealismus Moral durch die Freiheit des Menschen zu sittlichem Handeln begründet, also durch die Bestimmung des Menschen als Vernunftwesen, nicht durch seine bloße Bestimmung als Sinnenwesen mit Bedürfnissen, nicht durch Kalkül und Verabredung, um die Bedürfnisbefriedigung vieler bei konfligierenden Interessen zu regeln, wie es bei Merkel geschieht (vgl. Unterkapitel »Das moralische Gesetz« in diesem Buch, S. 75 bis 78)

tional bestimmt. Als Verabredung, um die Bedürfnisbefriedigung aller zu gewährleisten, kann Moralität nicht selbst Zweck sein. Sie ist vielmehr gesetzt als bloßes Mittel zur Stabilisierung gesellschaftlicher Verhältnisse in Form eines Normenschutzes, das sich mit den Normen einer Gesellschaft historisch entwickelt und verändert. Diese Normenschutzerwägungen »*verbieten einen beliebigen Umgang auch mit frühesten Embryonen. Aber sie gebieten keine Zuschreibung des Status des Inhabers subjektiver Rechte auf Leben und Menschenwürdeschutz. [...] In keiner denkbaren Kollision mit anderen Belangen käme eine Behandlung des frühen Embryos als Rechtssubjekt ernsthaft in Betracht. Wären solche Kollisionen nicht denkbar, so wäre die Zuschreibung eines solchen subjektrechtlichen Status vermutlich wenig problematisch. Aber so ist die Welt nicht eingerichtet. Sie konfrontiert uns mit einer ganzen Reihe möglicher Konflikte zwischen den Schutzbelangen des Embryos mit den Interessen anderer, geborener Menschen. [...] Und alle denkbaren Kollisionen [...] sind [...] mit guten ethischen Gründen nicht anders aufzulösen als zugunsten der geborenen Menschen und zu Lasten des Embryonenschutzes. Daraus folgt, daß die Zuschreibung eines subjektiven moralischen Rechts auf Leben für den frühen Embryo ausscheidet. An den gleichen Erwägungen scheitert die Zuschreibung der moralischen Inhaberschaft einer unantastbaren Menschenwürde.*«[53] Doch obwohl sie keine Träger von Würde seien, gebiete der Normenschutz Achtung gegenüber Embryonen: »*Ein beliebiger Umgang mit Embryonen, frivole oder sinnlose Experimente, ein gewinnorientierter Handel mit embryonalem Gewebe und jede Form der sinnfälligen Verweigerung der Achtung, die uns in Ansehung alles menschlichen Lebens geboten ist, sind ausgeschlossen. Sie wären unverträglich mit dem, was ich die Gesamttextur einer humanen Normenordnung genannt habe.*«[54] Embryonen seien Achtung gebietendes menschliches Leben, hätten aber weder eine unantastbare Menschenwürde noch ein Recht auf Leben[55], weil es ein Interesse geborener Menschen an deren Tötung geben könne. Die Nichtzuschreibung des moralischen Status, ein Recht auf Leben zu haben, gründet also nicht in den Embryonen selbst, sondern hat pragmatische Grün-

---

53 A. a. O., S. 186 f.
54 A. a. O., S. 188.
55 Der Begriff der Achtung ist bei Merkel nicht präzise bestimmt, er wird bloß über eine vage Intuition als plausibel vorausgesetzt. Mit Kant ist Achtung vor der Menschheit in der Person eines jeden auf die Würde des Menschen bezogen (vgl. Unterkapitel *Die Achtung*). Daraus ergibt sich, daß Achtung und Menschenwürde denselben Gegenstand umgreifen und Achtung so nicht »weniger« sein kann als Menschenwürde.

de: Eine mögliche Kollision mit den Interessen geborener Menschen. Gäbe es diese Interessen nicht, die als eine moralische Kollision zwischen Embryonen und künftigen Patienten dargestellt werden, könnten Embryonen Menschenwürde haben; ihre Unantastbarkeit würde nicht weiter stören, da kein Interesse an ihrer Antastung bestünde. Doch da die Welt nicht so eingerichtet sei, also ein Interesse an der verbrauchenden Embryonenforschung bestehe, haben Embryonen Merkel zufolge auch keine Würde. Menschenwürde ist dem Begriff nach als unantastbar bestimmt.[50] Daß Merkel dem Embryo die Menschenwürde zugestehen würde, wenn sie nicht Gefahr liefe, angetastet zu werden, zeigt, daß er den Begriff der Menschenwürde verfehlt. So bleibt bei Merkel nur die Achtung vor den Embryonen, welche gebiete, daß Embryonen nicht aus beliebigen Motiven, sondern nur aus moralisch hochwertigen Motiven wie der Heilung von künftigen Kranken getötet werden dürfen. Auch wenn Merkel behauptet, er würde »*die ethische Beurteilung einer Handlung primär nach den Folgen für die legitimen Bedürfnisse aller von ihr Betroffenen*«[57] vornehmen, ist hier doch das Motiv der Handlung der Grund für die ethische Beurteilung. Die unmittelbaren Folgen der Entnahme von Stammzellen sind für die von der Handlung Betroffenen – die Embryonen – dieselben, gleich, welches Motiv hinter der Stammzellenforschung steht.

Worauf sich die Achtung, die menschlichem Leben zukomme, dem keine Menschenwürde zugesprochen wird, überhaupt beziehen kann, bleibt offen. Für Merkel begründet sie, warum für frühe Embryonen nicht überhaupt kein Lebensschutz besteht, sondern einer, der lediglich schwächer ist als der geborener Menschen. Hierfür prägt Merkel den Begriff des »absoluten Lebensschutzes«, dem ein »eingeschränkter Lebensschutz« beigesellt werden kann. Das Grundgesetz kennt nur ein »*Recht auf Leben und körperliche Unversehrtheit*«,[58] welches jedem Menschen zukomme. Zwischen den Alternativen, Recht auf Leben oder kein solches Recht, konstruiert Merkel einen fließenden Übergang mit dem »eingeschränkten Lebensschutz«, den er über die Wortschöpfung des »absoluten Lebensschutzes« als von vornherein plausibel einleitet. Um darzulegen, daß »absoluter Lebensschutz« für frühe Embryonen nicht zu begründen sei, kritisiert Merkel die vier häufigsten Argumente der Befürworter des Rechts auf Leben für Embryonen in der Stammzellendebatte:

---

56   Sie ist auch im Grundgesetz als unantastbar festgeschrieben, aber nicht begrifflich bestimmt, was widerstreitenden juristischen Interpretationen Tür und Tor öffnet.
57   A. a. O., S. 126.
58   Grundgesetz (GG), Art. 2,2.

1. Das Speziesargument, das Embryonen als Mitglieder der menschlichen Art unter rechtlichen Schutz stellt.
2. Das Kontinuumsargument, das jeden den rechtlichen Schutz erst begründenden Einschnitt innerhalb der kontinuierlichen Entwicklung von befruchteter Eizelle zum geborenen Menschen als willkürlich zurückweist.
3. Das Potentialitätsargument, das dem Embryo aufgrund seines Potentials zum geborenen Menschen denselben Schutz zuspricht wie diesem.
4. Das Identitätsargument, das aufgrund der Identität des frühesten Embryos mit der späteren Person alle Entwicklungsstadien unter denselben Schutz stellt.

Dabei geht es Merkel ausschließlich um die Begründung eines abstufbaren Lebensschutzes und nicht um die Frage, was Menschenwürde ist.

Die Spezieszugehörigkeit

»Da alle geborenen Angehörigen der Spezies zweifellos ein Grundrecht auf Leben haben, gebiete das Prinzip der Gleichbehandlung den gleichen Schutz des Embryos«,[59] referiert Merkel diese Begründung für frühen Lebensschutz, um mit dem Einwand fortzufahren, daß das Gleichbehandlungsgebot gebiete, Gleiches gleich zu behandeln, den Status des Embryos könne man aber nicht als normativ gleich voraussetzen. Die Zugehörigkeit zur Spezies *homo sapiens sapiens* reiche hierfür nicht aus. Das Recht auf Leben folge nicht aus der biologischen Zugehörigkeit zur Spezies Mensch und ließe sich *»nicht aus dem bloßen Faktum ihrer biologischen Beschaffenheit als Mitglieder einer bestimmten Spezies«*[60] herleiten. Daß die Gattungszugehörigkeit allein keine besondere moralische Stellung des Menschen begründen kann, ist richtig. Laut Merkel seien Menschen vielmehr darum *»Inhaber von Rechten [...] weil Menschen typischerweise bestimmte Eigenschaften haben, die besonders zu schützen ein moralisches Gebot ist. [... E]rst eine dann und dazu herangezogene Norm, daß solche Eigenschaften auf besondere Weise schutzwürdig sind, und nicht einfach das faktische Vorhandensein der Eigenschaften, begründet das normative Fundament, aus dem weitere Normen schlüssig ableitbar sind«.*[61] Man müsse darum zunächst Eigenschaften fin-

---

59 Merkel, a. a. O., S. 131.
60 A. a. O., S. 132.
61 Ebd.

den, die typisch menschlich sind, also den Menschen vom Tier unterscheiden, um dann eine Norm aufzustellen, daß die Inhaber dieser Eigenschaften auch Inhaber bestimmter Rechte seien. »*Da es der rein äußere, biologische Unterschied [zu Tieren] nicht sein kann, müssen es im weitesten Sinne innere, also mit einem subjektiven Erleben verbundene Eigenschaften sein. [...] Das hat [...] den folgenden Grund: Der Begriff eines subjektiv moralischen Rechts – das, was wir in den normativen Voraussetzungen seiner Existenz und Zuschreibbarkeit verstehen wollen – ist analytisch, also zwingend, mit dem des* Schutzes *verknüpft. Denn das genau ist es, wozu subjektive Rechte da sind: Schutz zu gewähren.* »*Schutz*« *wiederum ist, ebenfalls analytisch, mit dem Begriff der* Verletzung *(im weitesten Sinn) verknüpft. Denn das genau ist es, wogegen Schutz gewährt werden soll. Verletzung setzt aber, zum dritten mal analytisch, die* Verletzbarkeit *des Wesens, das geschützt werden soll, voraus. Wer in bestimmter Hinsicht nicht verletzbar ist, der kann, trivialerweise, in eben dieser Hinsicht nicht verletzt werden. Es hätte daher schon begrifflich keinen Sinn, ihm insofern ein subjektives Schutzrecht zuzuschreiben, also Schutz gegen eine Verletzung, die ihm nicht angetan werden kann. [...] Subjektive Verletzbarkeit setzt aber, wiederum analytisch, die subjektive Erlebensfähigkeit des verletzbaren Wesens voraus. [...] Ein Wesen, das schlechterdings nichts erleben kann, mag es auch biologisch am Leben sein, ist subjektiv nicht verletzbar. Denn ein solches Wesen hat keine Subjektivität [...]. Der früheste Embryo ist [...] subjektiv vollständig erlebensunfähig. [...] Subjektives Erleben ist biologisch vom Vorhandensein neuronalen Gewebes abhängig, das sich in der Embryonalentwicklung erst Wochen nach der Fertilisierung zu entwickeln beginnt. [...] Ob die subjektive Erlebensfähigkeit beim Menschen bereits ein hinreichender Grund für die Zuschreibung eines Lebensrechts wäre, kann daher hier offenbleiben; eine notwendige Voraussetzung dafür ist sie jedenfalls. Und sie erfüllt der Embryo nicht.*«[62] Der vorgeblich streng analytische Schluß auf das Vorhandensein neuronalen Gewebes als Minimalbedingung für die Gewährung eines Lebensschutzes ist durch einen Gegenstandswechsel erschlichen: Vom Leben wechselt Merkel zur Empfindungsfähigkeit, so daß »Leben« zu »Subjektivität« verkürzt wird; in Folge wird aus dem »Recht auf Leben« der Sache nach ein »Recht auf Schmerzfreiheit«. Was mit dem Recht auf Leben geschützt wird, ist, streng analytisch, das Leben. Die notwendige Voraussetzung für Lebens-

---

62 A. a. O., S. 133 ff.

schutz ist also, am Leben zu sein. Diese Voraussetzung erfüllt auch der früheste Embryo. Nun begründet die bloße Natureigenschaft, am Leben zu sein, kein Recht, ist also keine hinreichende Bedingung für einen Lebensschutz. Darum macht Merkel im obigen Argumentationsgang den Schutz vor der Empfindung von Verletzung zum Gegenstand. Hierfür ist dann neuronales Gewebe vorausgesetzt. Doch auch dies ist wieder eine bloße Natureigenschaft, die aus sich heraus kein Recht begründen kann. Merkel stellt richtig fest, daß aus der Natureigenschaft, Exemplar einer Spezies zu sein, kein Recht folgt. Darum, so schließt er, müssen es andere Eigenschaften sein, die das Lebensrecht begründen. Doch als eine solche Eigenschaft nennt er wiederum eine Natureigenschaft. Da sich auch hieraus kein Lebensrecht hinreichend begründen läßt, erklärt er das neuronale Gewebe zur »Minimalbedingung« für ein Lebensrecht. Andere rechtsbegründende Eigenschaften müßten noch hinzutreten, aber Empfindungsfähigkeit sei auf jeden Fall eine notwendige Bedingung. Und mehr braucht es dann auch nicht, um dem Embryo ein Lebensrecht abzusprechen: »*Diejenigen Eigenschaften von Menschen, die deren besondere Schutzwürdigkeit normativ begründen, liegen beim frühen Embryo zweifelsfrei nicht vor.*«[63] Welche besonderen Eigenschaften es sind, die das Lebensrecht des Menschen hinreichend begründen sollen, bleibt offen. Statt dessen wird falsch geschlußfolgert, daß die Gewährleistung von Schutz, wodurch auch immer begründet, nur unter der Voraussetzung der subjektiven Fähigkeit, Verletzungen wahrzunehmen, überhaupt sinnvoll erscheint. Diese Voraussetzung ist eine biologische Beschaffenheit eines Organismus, die nicht den Menschen vom Tier, sondern Lebewesen mit neuronalem Gewebe von denen ohne trennt. Daß dies keine hinreichende Begründung für einen besonderen moralischen Status des Menschen sein kann, ergibt sich schon daraus, daß hierin keine Differenz zu entwickelten Tieren vorliegt. Getrennt werden vielmehr Tiere in früher Entwicklungsphase von Tieren späterer Wachtumsstadien, wobei der Mensch hier als Säugetier eingeschlossen ist. Daß neuronales Gewebe eine notwendige Bedingung für einen besonderen moralischen Status sei, bleibt eine bloße Behauptung, solange keine Eigenschaft genannt wird, auf die sich der moralische Status gründet.

---

63 A. a. O., S. 140.

Die Gattungssolidarität

Trotz ihrer Empfindungslosigkeit, die ein unbedingtes Recht auf Leben ausschließe, sollen menschliche Embryonen Merkel zufolge auch vor der Ausbildung neuronalen Gewebes einen besonderen Status noch vor empfindungsfähigen Tieren haben. »*Die Erstreckung von Rechten, deren Entstehungsbedingungen bestimmte Eigenschaften sind, auch auf Wesen ohne diese Eigenschaften, ist ersichtlich ein normativer Akt: Er begründet solche Rechte für jene Wesen. Daher bedarf er selbst eines normativen Grundes [...]. Nennen wir sie [diese begründende Norm] knapp und plastisch das Prinzip der Gattungssolidarität.*«[64] Die Gattungszugehörigkeit begründe zwar selbst keinen besonderen Status des Menschen, sei jedoch das Kriterium, nach welchem dieser besondere Status allen Menschen im Gegensatz zu Tieren zugesprochen werde. Damit ist das Speziesargument nicht widerlegt (wie Merkel behauptet[65]), denn auch die Befürworter des uneingeschränkten Embryonenschutzes sehen in der Gattungszugehörigkeit das Zuschreibungskriterium der Menschenwürde, nicht den Zuschreibungsgrund. Merkel argumentiert hier analog, nur ist die Zugehörigkeit zur Spezies *homo sapiens sapiens* ihm das Kriterium für einen bloß abgeschwächten Schutz, die Gattungssolidarität,[66] zu der noch andere Kriterien hinzutreten müssen, um einen vollen Lebensschutz begründen zu können. »*Gewiß weisen frühe Embryonen die Eigenschaften noch nicht auf, um derentwillen wir uns Menschen generell für schutzwürdiger halten als Tiere. Vielmehr sind sie (noch) vollständig erlebensunfähig und deshalb aktuell nicht verletzbar. Aber wir alle sind einmal aus Embryonen entstanden und wir leben heute gerne.*[67] *Dieser Umstand begründet für uns eine* **prima-facie-Verpflichtung***, allen Embryonen die Chance einer solchen Entwicklung nach Möglichkeit ebenfalls zu garantieren. Plausibel ist eine solche* **prima-facie-Pflicht** *allerdings nur im Hinblick auf menschliche, nicht auf tierische Embryonen. Denn nur sie haben das Poten-*

---

64   A. a. O., S. 140 f.
65   Vgl. ebd. Wenn das Speziesargument so aufgefaßt würde, daß die biologische Zugehörigkeit zur Spezies das Recht des Menschen begründe, dann hat Merkel es in der Tat widerlegt. Eine solche Position ist mir allerdings nicht bekannt.
66   Diese Solidarität mit den Gattungsangehörigen ist eine bloße Intuition, eine Empfindung, kein theoretischer Begriff.
67   Da der Mensch die einzige Spezies ist, die den Suizid kennt, ist diese Behauptung als generelle nicht nur zu bezweifeln, sondern auch ungeeignet, einen besonderen Lebensschutz gerade des Menschen zu begründen.

tial einer Entwicklung zu Wesen mit ebenjenen besonderen Eigenschaften [die nicht genannt werden, weshalb diese Behauptung nicht überprüfbar ist], auf die wir die Begründung von Menschenrechten stützen. [...] Wichtig [...] ist die genauere Bestimmung der Stärke und Reichweite dieser Pflicht. Und hier sieht man sofort, daß die Verpflichtungskraft eines solchen Solidaritätsprinzips für die Zuerkennung von Rechten bei weitem schwächer ist«[68] als die gegenüber einem geborenen Menschen. Man sieht dies Merkel zufolge daran, daß der Embryo im Gegensatz zum geborenen Menschen kein Eigeninteresse an seinem Leben haben könne. Die Pflicht, ihn zu schützen, sei demnach keine Pflicht, die vom Embryo selbst ausgehe, sondern eine, die ihm von geborenen Menschen aus Solidarität zugesprochen werde. Wird das »Solidaritätsprinzip« als diffuse Intuition aufgefaßt, die stärker und schwächer sein kann, lassen sich auch stärkere und schwächere Rechte aus ihm folgern. Wenn man sagt, man sieht in dem Embryo seinesgleichen, antizipiert man dessen Entwicklung zu einem Wesen mit Vernunft. Ihm darum diese Entwicklung zuzugestehen ist dann eine intelligible Pflicht. Diese Antizipation ist nicht zu empfinden und nicht am Embryo selbst wahrzunehmen, sondern nur zu denken. Dieser rational bestimmbare Gehalt wird von Merkel empiristisch verpsychologisiert: Zunächst soll das eigene Gerne-Leben zur Vorlage dessen dienen, was man als Möglichkeit auch dem Embryo zugestehen will. Wenn dann für den Embryo kein solches Gerne-Leben am Horizont erscheint, könne diese prima-facie-Verpflichtung (die trotz Hervorhebung keine vernünftig begründete Pflicht ist) eingeschränkt werden – weil der erste Augenschein leicht trügt.

Als Grundlagen normativer Verpflichtungen unterscheidet Merkel drei Prinzipien, die in einer Rangordnung stehen: Das stärkste sei das Verletzungsverbot, das gebiete, geborene Menschen mit bestimmten schützenswerten Eigenschaften nicht zu verletzen und das als Minimalvoraussetzung die subjektive Verletzbarkeit – also Empfindungsfähigkeit – der Person habe. Zweites, schwächeres Prinzip sei das der Solidaritätspflichten, zu denen die Gattungssolidarität gehöre.[69] Letztere gelte Artangehörigen, auch ohne daß diese aktuelle Erlebnisfähigkeit besitzen, solange die Chance einer künftigen Entwicklung zum erlebensfähigen Menschen bestehe. »*Dieses Potential verlangen sie freilich als Minimalbedingung. [...] Für Solidarität mit einem*

---

68 A. a. O., S. 141 f.
69 Merkel nennt die Solidaritätspflichten stets im Plural, erörtert jedoch nur die Gattungssolidarität.

Embryo, der etwa wegen eines schwersten genetischen Defekts nur wenige Wochen alt werden könnte, der sich aus seinem biologischen Status quo nicht herausentwickeln, der also niemals erlebens- und damit um seiner selbst willen moralisch berücksichtigungsfähig werden könnte, gäbe es keinerlei Anlaß.«[70] Als drittes nennt er das Prinzip des Normenschutzes, das historisch-moralische, teilweise religiöse sowie rechtliche Normen zu einer »*normativen Gesamttextur*«[71] vermittele und dabei um »*weitestmögliche Konsistenz bemüht ist*«,[72] damit die ethische Stabilität der Gesellschaft gewährleistet bleibe. Warum das Verletzungsverbot und die Gattungssolidarität nicht selbst unter das Prinzip des Normenschutzes fallen, wo sie doch von Merkel als höchste Prinzipien der Moral, also als die wichtigsten Normen der Gesellschaft bestimmt werden, und warum also nicht der Normenschutz oberstes und einziges Prinzip ist, ist mit Merkels Definition der Moral als gesellschaftlicher Norm nicht zu verstehen. Da der Normenschutz an dieser Stelle als schwach und abwägbar bestimmt ist, das Verletzungsverbot dagegen als unantastbar, liegt die Vermutung nahe, daß das Prinzip des Verletzungsverbotes mehr sein soll als eine gesellschaftliche Norm. Es wird jedoch durch nichts weiter begründet, sondern als unverletzliches Prinzip gesetzt, das evident sei.

Unter das schwache Prinzip des Normenschutzes fällt laut Merkel die Reklamation der Menschenwürde im weitesten Sinne, also auch die »*allgemeine Forderung, der menschliche Embryo dürfe nicht wie eine Sache behandelt, für beliebige Zwecke verbraucht oder kommerzialisiert werden [...]. Die Forderung ist trotz der subjektiven Nichtverletzbarkeit früher Embryonen vollkommen zutreffend und zu unterstreichen. Ihre Gründe liegen aber primär nicht in aktuellen Schutzinteressen des Embryos, sondern in den dargestellten Belangen des gesamtgesellschaftlichen Normenschutzes.*«[73]

Merkels Rangordnung der drei Prinzipien ist nicht aus diesen selbst begründet, sondern dient seiner Argumentationsstrategie, einen theoretischen Überbau für die Stammzellenforschung zu liefern. Die gewählte Rangordnung der Prinzipien läßt sich zu einer Begründung der Abstufung des Lebensschutzes umsetzen: Den empfindungsfähigen Menschen, also eventuell bereits Embryonen mit entwickeltem neuronalem Gewebe und spätestens den geborenen Menschen, komme ein absoluter, gegen nichts anderes abzuwägender Lebens-

---

70 A. a. O., S. 143.
71 A. a. O., S. 144.
72 Ebd.
73 A. a. O., S. 146.

schutz zu, weil sie zum einen subjektiv verletzbar seien und darüber hinaus ungenannte Eigenschaften hätten, denen wir unbedingten moralischen Wert zusprechen. Den Embryonen, die selber noch nicht empfindungsfähig sind, die aber das Entwicklungspotential für neuronales Gewebe aufweisen, komme ein Schutz aus Solidaritätspflicht zu. »*Solidaritätspflichten sind erheblich schwächer als Verletzungsverbote.*«[74] Darum seien sie Merkel zufolge grundsätzlich gegen »andere Belange« abwägbar. Die Embryonen, denen keine Solidarität gelte, weil sie kein Entwicklungspotential für Nervengewebe haben, sollen unter das Prinzip des Normenschutzes fallen. Dieses verbiete »*zahlreiche mögliche Zwecke und Verhaltensweisen gegenüber Embryonen, etwa solche frivoler oder rein kommerzieller oder auch nur frei beliebiger Art. Sie verböten übrigens auch eine Legitimation der Embryonenforschung aus Gründen einer gänzlich abstrakten Forschungstätigkeit*[75] *[...]. Etwas ganz anderes ist freilich die Forschung zum Zweck einer möglichen Hilfe für schwerkranke, leidende, sterbende Menschen. Und um diese, nicht um eine abstrakte wissenschaftliche Neugier geht es bei der Stammzellforschung.*«[76] Von den massiven kommerziellen Interessen an der Stammzellenforschung muß Merkel wissen; oft genug wurden Arbeitsplätze, Standort und Konkurrenzfähigkeit mit internationalen biotechnologischen Firmen in der öffentlichen Diskussion genannt. Allein die mögliche Hilfe für künftige Schwerstkranke kann das weltweit große Interesse der Industrienationen an der Forschung mit embryonalen Stammzellen nicht hinreichend erklären, wenn man bedenkt, wie wenig Aufmerksamkeit und Gelder für heutige Schwerstkranke zur Verfügung gestellt werden.

Die fehlende subjektive Erlebensfähigkeit begründet nicht zureichend, daß frühen Embryonen nur ein gegen andere Belange abwägbarer Lebensschutz zukomme; denn geborene Menschen genießen Merkel zufolge uneingeschränkten Lebensschutz, selbst wenn sie ihre Fähigkeit zur Empfindung – die »Minimalbedingung« des Lebensrechtes – verlieren; und auch diese Unantastbarkeit des geborenen Lebens begründet Merkel mit dem Normenschutz, der embryonales Leben antastbar machen soll: »*Wohl ist es richtig, daß das Kriterium der Erlebensfähigkeit, nimmt man es für sich alleine, diese Menschen*

---

74 A. a. O., S. 143.
75 Was Merkel hier pejorativ »abstrakte Forschungstätigkeit« und »abstrakte wissenschaftliche Neugier« nennt, ist die Freiheit der Forschung, welche die DFG in ihrer Stellungnahme als »moralischen Wert« bestimmt, der das »Prinzip des Normenschutzes« aufwiege.
76 A. a. O., S. 150.

[anenzephale Neugeborene[77] und Menschen mit apallischem Syndrom[78]] tatsächlich nicht in den normativen Schutzraum genuin subjektiver Rechte einschließt. Es schließt sie aber auch nicht aus. Was ihren Einschluß jedoch zwingend gebietet, ist das Prinzip des Normenschutzes. Die Fundamentalnormen unserer Rechts- und Moralordnung – Menschenwürde, Lebensrecht, Gleichheitssatz – werden über die Grenzen hinaus, die von den Kriterien ihrer genuinen Begründung gezogen würden, allgemein, nämlich allen geborenen [!] Menschen garantiert. Die hauptsächlichen Gründe habe ich genannt: Humanität, Stabilität, symbolische Konsistenz, Orientierungskraft der normativen Gesamttextur unserer Gesellschaft. Ein Normensystem, das alle geborenen [!] Mitglieder prinzipiell in gleicher Weise in den Schutzraum seiner fundamentalen Rechte einschließt, ist gegenüber einem, das für jeden individuellen Lebensschutz jeweils eine gewissermaßen persönliche Qualifikation verlangte, bei weitem vorzugswürdig.«[79] Diese Begründung, daß aus dem Prinzip des Normenschutzes Menschenwürde, Lebensschutz und Gleichheitssatz allgemein und ohne an bestimmte Eigenschaften gebunden zu sein für geborene Menschen gelten, nicht aber für Ungeborene, weil diese die Eigenschaft der Empfindungsfähigkeit nicht aufweisen, ist nicht konsistent, nicht einmal »symbolisch konsistent«. Während oben falsch geschlußfolgert wurde, daß jedes Recht Schutz gewährleiste, welcher notwendig »die subjektive Verletzbarkeit eines Wesens« voraussetze, begründet später das Prinzip des Normenschutzes denselben Schutz für geborene Menschen – und zwar unabhängig von deren Empfindungsfähigkeit – und einen schwächeren Schutz für ungeborene Menschen – gerade wegen der fehlenden Empfindungsfähigkeit bei frühen Embryonen. Mit demselben Prinzip werden hier entgegengesetzte Handlungsmaximen aufgestellt. Die Differenz geboren/ungeboren ist aus den »Fundamentalnormen« Menschenwürde, Lebensrecht und Gleichheitssatz selbst nicht herzuleiten, sondern willkürlich gesetzt.

Ebenso willkürlich eingeschränkt wird das Prinzip der Solidarität, das »*Verantwortlichsein des Einzelnen für die Gesamtheit*«,[80] das ohne weitere Begründung nur dann gelten soll, wenn die Chancen für eine gesunde Entwicklung gegeben sind. Insgesamt wird der abgeschwächte Lebensschutz für frühe Embryonen, der gegen andere Belange abwägbar sein soll, »bewiesen«,

---

77 Neugeborene, die ohne Groß- und Mittelhirn zur Welt kommen.
78 Eine Form der irreversiblen Bewußtlosigkeit.
79 A. a. O., S. 147.
80 Definition aus dem *Wörterbuch der philosophischen Begriffe*, Hamburg 1998.

indem er als evident vorausgesetzt und in empirischen Handlungen vorgefunden wird – also gar nicht. Gestärkt wird die Behauptung der Evidenz durch Merkels Beispiele aus dem nicht alltäglichen Leben, in denen bewußtlose Säuglinge statt tiefgefrorener Embryonen aus brennenden Labors gerettet werden und entwicklungsunfähige Embryonen in keinen Uterus implantiert, aber irreversibel bewußtlose Patienten künstlich am Leben gehalten werden. Hier »zeige« sich der höhere moralische Status des geborenen Lebens darin, daß das geborene Leben als höherwertig behandelt werde; die Richtigkeit einer Handlung wird so durch diese selbst »bewiesen«. Das ist etwa so, um selber ein analoges Beispiel zu bringen, als wollte man die Gefährlichkeit eines großen Tieres dadurch »beweisen«, daß alle vor ihm davonlaufen. Die Beispiele haben bei Merkel die Funktion aufzuzeigen, was eine gewöhnliche Intuition des gesunden Menschenverstandes sei, um hierüber die Resultate seiner Überlegungen plausibel erscheinen zu lassen.

Bei allen Bemühungen um eine rationale Erklärung des abgestuften Lebensrechtes verweist Merkel nur auf das Gefühl vieler Menschen und den wirklichen Umgang mit Embryonen in der Forschung. »*Vermutlich jeder fühlt intuitiv zumindest einen moralischen Unterschied zwischen der Tötung eines geborenen Menschen und der eines frühen Embryos. Und daher wohl auch dies: daß die prima-facie-Schutzpflicht für das frühe embryonale Leben jedenfalls im Vergleich mit der Tötung eines geborenen Menschen von relativ geringem Gewicht ist.*«[81] Wie schon bei Schöne-Seifert wird auch hier moralisches Gefühl mit Empathie gleichgesetzt. Doch subjektive Gefühle empirischen Ursprungs können Argumente ebensowenig ersetzen wie der Hinweis auf die übliche Praxis im Umgang mit anderen Menschen.[82] Merkels Argumentation läuft darauf hinaus, daß frühe Embryonen im moralischen und rechtlichen Sinne weniger geschützt werden sollen als geborene Menschen, weil sie faktisch weniger geschützt sind. Aus diesem Zirkel folgt nichts als die bloße Beschwörung des Faktischen als das moralisch Richtige.

---

81 Merkel, a. a. O., S. 150.
82 Mit der gleichen Argumentationsstruktur, mit der Merkel für ein abgestuftes Lebensrecht von Embryonen plädiert, ließe sich z. B. auch die Todesstrafe dort, wo dies eine übliche Rechtspraxis ist, als moralisch geboten darstellen. Wen würde man wohl aus dem brennenden Gefängnis retten: den Mörder und Kinderschänder, der am nächsten Tag hingerichtet werden soll, oder den Gefängnisdirektor? Wer in den 70ern versucht hat, den Kriegsdienst aus Gewissensgründen zu verweigern, erkennt hier zurecht das Problem der unechten Alternative wieder.

Die kontinuierliche Entwicklung

Die These, daß es willkürlich ist, in der kontinuierlichen Entwicklung des Embryos einen Einschnitt zu setzen, ab dem ihm Lebensrecht zugesprochen wird, weist Merkel mit dem Hinweis zurück, daß auch andere Einschnitte wie die Altersgrenzen für Strafmündigkeit oder Wahlrecht gesetzt werden. *»Willkürlich sind all diese Einschnitte nicht. Willkürlich wäre es im Gegenteil, sie gänzlich zu unterlassen. [...] Weil man im Kontinuum eines individuellen Lebens den Einschnitt »Strafmündigkeit« auch anders legen könnte als auf das Alter von 14 Jahren, ist es keineswegs willkürlich, ihn überhaupt zu legen. Und es ist auch nicht willkürlich, ihn genau dort, bei 14 Jahren zu legen, wiewohl er bei 13 oder bei 15 Jahren ebenfalls nicht willkürlich gelegt wäre.«*[83] Diese Begründung, daß ein Einschnitt an einer bestimmten Stelle deshalb nicht willkürlich sei, weil er genausogut woanders gemacht werden könnte, wo er auch nicht willkürlich wäre, nachzuvollziehen, ist eine intellektuelle Zumutung. Zumindest läßt sich festhalten, daß der Einschnitt nicht notwendig genau dort gemacht werden muß, wo er gemacht wird. Gleichwohl lassen sich Gründe dafür anführen, ihn ungefähr dort vorzunehmen, wo man ihn vornimmt; das Strafmündigkeitsalter wird nicht jedes Jahr neu ausgelost. Dies ist es vermutlich, was Merkel mit der Formulierung »nicht willkürlich« meint. Das Vermögen der Einsicht in die eigene Schuld ist im deutschen Rechtssystem die Voraussetzung dafür, bestraft zu werden. Momentan traut man dies Jugendlichen ab 14 Jahren gewöhnlich zu. Auch Menschen im strafmündigen Alter kann ihre Schuldfähigkeit abgesprochen werden, wenn sie diese Voraussetzung nicht erfüllen.[84] Welche Voraussetzung hingegen ein Mensch erfüllen muß, um ein Recht auf Leben zu haben oder um ein Mensch mit Würde zu sein, ist bislang nicht geklärt. Darum ist jeder in der Embryonalentwicklung gesetzte Einschnitt vom ungeschützten zum schutzwürdigen Embryo sowohl willkürlich als auch in der Sache unbegründet.

Merkel zufolge beruht das Kontinuumsargument auf einem »Fehlschluß«, den er nicht benennt, aber mit einem Beispiel veranschaulicht: Jeder könne einen kleinen Mann von 1,50 m Körpergröße von einem großen Mann von 2,50 m Körpergröße unterscheiden, ohne daß in einem Kontinuum von Millimeterschritten ein Einschnitt zwischen klein und groß festzustellen sei.

---

83 A. a. O., S. 159.
84 Vgl. Strafgesetzbuch (StGB), §§ 20, 21.
85 A. a. O., S. 158.

»*Keiner dieser Übergänge [der tausendmal wiederholten Addition eines Millimeters] stellt einen »scharfen Einschnitt« dar [...]. Dennoch können wir völlig willkürfrei zwischen einem kleinen Mann von 1,50 m und einem großen von 2,50 m unterscheiden«.*[85] In Analogie zum kontinuierlichen Entwicklungsprozeß des Embryos soll dies bedeuten: Am Anfang steht eine befruchtete Eizelle, die sich teilt. Die neuen Zellen teilen sich wiederum, bilden Gewebearten aus, der Zellklumpen wächst und irgendwann ist ein Säugling da, ein Mensch. Wir können doch zweifelsfrei zwischen Zellklumpen und Kind unterscheiden, wie zwischen kleinen und großen Männern, ohne daß sich im angenommenen Kontinuum von der Zygote zum Kind ein scharfer Einschnitt ausmachen ließe (so wenig wie im Kontinuum vom kleinen zum großen Mann). Diejenigen, so Merkel, die mit dem Hinweis auf ein Kontinuum behaupten, es sei nicht möglich, den Enden des Kontinuums verschiedene Qualitäten zuzuordnen, lägen falsch: So wie qualitativ zwischen kleinen und großen Männern unterschieden werden könne – trotz des Kontinuums der Länge – könne auch qualitativ zwischen frühen Embryonen und Kindern unterschieden werden – trotz des Kontinuums der Entwicklung. Soweit Merkels Widerlegung des Kontinuitätsargumentes mit Hilfe des Demonstrationsbeispiels.

Doch die Analogie verfehlt das Beweisziel. Beide Männer werden verglichen bezogen auf das Maß der Körperlänge. Ein Maß ist die Einheit von Qualität und Quantität, es quantifiziert einen Grad innerhalb einer Qualität, weshalb sich verschiedene Qualitäten nicht durch eine Quantifizierung zueinander ins Verhältnis setzen lassen – etwa drei Tonnen zu sieben Jahren. Bezogen auf das Maß der Körperlänge sind beide Männer vergleichbar, weil beide Körperlänge haben. Die Körperlängen lassen sich in ein quantitatives Verhältnis setzen, es gibt ein Kontinuum zwischen beiden Körperlängen, die sich einmal als 1,50 m und einmal als 2,50 m bezeichnen lassen. In der Quantifizierung der Maßskala Meter selbst steckt noch nicht das Begriffspaar klein/groß, sondern es muß von außen herangetragen werden. Klein und groß sind kein Maß, sie quantifizieren nicht und sind insofern bloß qualitative Begriffe. Da dieses Begriffspaar einer Quantifizierung in Metern äußerlich ist, kann es den Maßen 1,50 m und 2,50 m nur durch den impliziten Bezug auf ein drittes Maß zugeordnet werden: das Maß der Durchschnittslänge eines Mannes.[86]

---

86 Nicht alles, was 1,50 m mißt, würden wir als »klein« bezeichnen und umgekehrt nicht alles, was 2,50 m mißt, als »groß«.

Analog hierzu läßt sich auch eine gemeinsame Maßskala für Zygote und Kind aufstellen, in Metern, Gramm oder Anzahl der Zellen oder spezifischen Gewebearten. Durch die quantitativen Verhältnisse dieser Maße ist ein kontinuierliches Wachstum in der Zeit festzustellen. Die Zuordnung von Lebensrecht oder Menschenwürde zu diesen Maßen bleibt dabei jedoch willkürlich, da sie heteronom zu ihnen ist. Bei der Körperlänge bezieht sich das qualitative Begriffspaar groß/klein auf dasselbe Maß, die Durchschnittsgröße. Aber Menschenwürde und Lebensrecht können nicht auf Maße wie Gewicht oder Länge bezogen werden. Sowenig Merkel behaupten würde, ein kleiner Mann hätte weniger Lebensrecht als ein großer Mann, sowenig kann er durch sein Beispiel beweisen, daß eine Zygote weniger Lebensrecht habe als ein Kind.

Merkel vermeidet den Wesensbegriff und reduziert das, was Substanz ist, auf Qualität. Diese versucht er dann zu quantifizieren. Doch Menschenwürde und Lebensrecht lassen sich weder quantifizieren noch sind es Qualitäten im strengen Sinne, denn jede Qualität bezieht sich auf Akzidenzien, auf dasjenige, was erscheint. Menschenwürde und Lebensrecht sind dagegen Ideen, die an das Wesen des Menschen gebunden sind.[87] Jede Quantifizierung muß auf sinnliches Material bezogen sein; die Ermittlung verschiedener Grade setzt ein Meßverfahren voraus, das nur in bezug auf ein bestimmtes Material erfolgen kann. Menschenwürde und Lebensrecht sind nicht materiell und damit grundsätzlich nicht quantifizierbar. Merkels Termini des »abgestuften« und »absoluten« Lebensrechts unterstellen, daß es sich hierbei um verschiedene Grade ein und desselben Rechts handeln würde, die an verschiedene Grade der Entwicklung geknüpft seien. Tatsächlich sind es zwei qualitativ unterschiedene Rechte, die er Menschen zu verschiedenen Zeitpunkten ihrer Entwicklung zuspricht. Verschiedene Grade der Entwicklung lassen sich im kontinuierlichen Wachstum eines Menschen durchaus feststellen, doch die Folgerung, hieran ließen sich unterschiedliche »Grade« des Lebensrechts ablesen, ist falsch. Die Zuordnung unterschiedlicher Rechte zu Menschen in verschiedenen Entwicklungsstadien bleibt willkürlich. Als unbedingte Ideen können Menschenwürde und Lebensrecht selbst nur von einer Substanz abhängen: dem Menschsein. Dies jedoch entsteht nicht kontinuierlich, sondern in einem diskreten Schritt: der Verschmelzung menschlicher Ei- und Samenzelle zu einem Menschen. Was sich weiter kontinuiert, ist ein Mensch.

---

87 Vgl. Unterkapitel *Das Wesen des Menschen.*

Der Embryo als potentieller Mensch

Der Begriff der Potentialität des Embryos bezeichnet nicht die bloß logische Möglichkeit oder Wahrscheinlichkeit einer Entwicklung, sondern das innewohnende Vermögen zu einer Entwicklung aus eigener Wirkungskraft, den Naturzweck.[88] Von diesem Potential, das dem Embryo innewohnt, sind die Randbedingungen seiner Entwicklung zu unterscheiden. Der Embryo benötigt zur Entfaltung seines Potentials eine spezifische Umgebung, den Uterus. Er entwickelt sich jedoch unter entsprechenden Lebensbedingungen aus sich selbst heraus weiter zum geborenen Menschen. Da das Potential zum geborenen Menschen im Embryo selbst und nicht im Uterus liegt, ist es falsch zu behaupten, ein in vitro erzeugter und nicht implantierter Embryo hätte dieses Potential nicht, denn dies hieße, das Potential mit den Randbedingungen in eins zu setzen. Von dieser richtigen Unterscheidung zwischen Randbedingungen und Potential geht auch Merkel aus, wenn er das »Potentialitätsargument« – der Embryo sei als potentieller Mensch zu schützen – kritisiert. »*Daran [an der Unterscheidung zwischen Potential und Randbedingungen] wird deutlich, daß die Frage, ob der in-vitro-erzeugte Embryo einen moralischen Schutzstatus hat, nicht davon abhängen kann, ob vorweg beschlossen worden ist, ihn zu implantieren oder dies nicht zu tun.*«[89] Eine Argumentation, welche die Randbedingungen der Entwicklung mit dem Potential des Embryos in eins setzt und zugleich den Schutzstatus an das Potential knüpft, wie auch die DFG es in ihrer oben zitierten Stellungnahme tut, führt dahin, daß dem Embryo mit den äußeren Bedingungen seiner Entwicklung zugleich das Lebensrecht vorenthalten oder entzogen werden kann. Bindet man den Schutzstatus an die umweltbedingten Entwicklungschancen, so nimmt man diejenigen Embryonen, die zur Forschung verwendet werden und in vitro keine zur Entfaltung ihres Potentials notwendigen Randbedingungen haben, aus dem Schutzstatus aus – genau darum, weil sie zur Forschung verwendet werden. Das Lebensrecht wird so durch die Lebensbedingungen begründet, nicht durch das lebende Subjekt. Damit hat das Recht kein Subjekt mehr und ist folglich kein Recht. Dies hat auch Merkel erkannt: »*Daher kann ihm [dem Embryo] ein daraus [aus dem Entwicklungspotential] ggf. abzuleitender moralischer Schutzstatus jedenfalls nicht mit dem Argument bestritten werden, sein »Potential« sei in Wahrheit keines, da dessen Verwirklichung al-*

---

88   Vgl. Unterkapitel *Organismen lassen sich nur teleologisch erkennen.*
89   A. a. O., S. 165.

lein von einer äußeren Realisierungshandlung abhänge: seiner Implantation.«[90] Hätte ein Schutzstatus seinen hinreichenden Grund in dem Potential des Embryos, müsse er unabhängig von den Randbedingungen Geltung haben. Es sei jedoch falsch anzunehmen, so Merkel weiter, daß aus dem Potential ein moralischer Status folge, der das Lebensrecht miteinschließe. Wie bereits dargelegt wurde, knüpft Merkel das Lebensrecht an das Vorhandensein von Eigenschaften, die er nicht benennt. Er stellt richtig fest, daß das Potential zu Eigenschaften noch nicht diese Eigenschaften selbst sind. Darum folge aus dem Potential zum vollen Lebensschutz als moralischem Status, das der Embryo als Naturzweck besitzt, laut Merkel nur ein schwacher Schutz aus Gattungssolidarität im Hinblick auf die künftige Person.

Die Richtigkeit der These, daß aus dem Potential allein kein moralischer Status folge, will Merkel mit der Feststellung belegen, daß das Vorkernstadium, in dem die Keimzellen bereits physiologisch vereint, aber noch genetisch getrennt sind (Pronunculi), dasselbe Potential besitze wie der einige Stunden später hieraus entstehende Embryo. Trotz des identischen Potentials würden die Pronunculi jedoch weder rechtlich noch faktisch geschützt, sondern im Gegenteil zu Tausenden weggeworfen.[91] Wäre das bloße Potential Grund eines moralischen Schutzes, so folgert Merkel, müßten auch die Pronunculi geschützt werden. Daraus, daß sie nicht geschützt sind, schließt er, daß sie keinen moralischen Status hätten, das Potential zum Menschen also kein Grund für moralischen Schutz sein könne. *»Die bisherige Praxis der umstandslosen Entsorgung nicht mehr benötigter Vorkernstadien wäre gewissermaßen* ex post *als moralisch verwerflich zu qualifizieren [wenn ein moralischer Status aus dem Potential zum Menschen folgte], als massenhafte Vernichtung menschlichen Lebens, als Anschlag auf Menschenwürde und Lebensrecht in zehntausenden von Fällen, durchaus als Anlaß für kollektive Bestürzung ob der eigenen (und allgemeinen) Blindheit und Indolenz; sie wäre für die Zukunft mit denselben Strafdrohungen zu unterbinden, die das EschG als Schutz vor den Embryo stellt; der Gesetzgeber wäre wegen seiner unbegreiflichen bisherigen Nachlässigkeit schwer zu tadeln ... etc. [...] Damit wird sofort deutlich, daß ein solches moralisches Verdikt über den gebräuch-*

---

90 A. a. O., S. 166.
91 Bei jeder künstlichen Befruchtung werden mehrere Vorkernstadien erzeugt und eingefroren. Dies geschieht, um der Frau eine erneute Eizellentnahme zu ersparen, falls der erste Versuch einer Befruchtung fehlschlägt. Wenn kein weiterer Kinderwunsch besteht, werden diese Pronunculi nach erfolgreicher Befruchtung weggeworfen.

lichen Umgang mit nicht mehr benötigten Vorkernstadien abwegig, ja absurd anmuten müßte. Niemand ist bislang auf diese Idee gekommen [...]. Das Ergebnis liegt auf der Hand: Die Zuschreibung eines Lebensrechts zu Vorkernstadien wegen deren Potentials zur Personenentwicklung [...] kommt nicht in Betracht. [...] Da das Vorkernpotential aber dem des frühesten Embryos genau entspricht, kann eine solche Lebensrechtzuschreibung auch für ihn nicht mit seinem Potential allein, also nicht über das Potentialitätsargument begründet werden.«[92] Weder die bisherige Praxis noch die ausgemalten Folgen, würde sich herausstellen, daß das Potential der Pronunculi hinreichender Grund wäre, ihnen Lebensrecht zu gewähren, noch der Hinweis darauf, daß (außer Merkel selbst) noch niemand auf die Idee kam, Vorkernstadien seien zu schützen, sind ein Argument gegen ihren Schutz. Daß die Vorkernstadien nicht den moralischen Status des wenige Stunden später aus ihnen entstehenden Embryos haben, liegt nicht an dem unterschiedlichen Umgang mit ihnen in der Praxis, sondern vielmehr daran, daß sie – anders als Merkel behauptet – nicht das identische Potential besitzen. Merkel begreift das Potential nicht als Naturzweck, sondern als abstrakte Bestimmung einer Möglichkeit, obgleich er diese so eng faßt, daß er die Randbedingungen hiervon trennt. Wenn Potentialität lediglich die biologische Möglichkeit zu einem Menschen bedeutete, wäre weder eine Differenz zwischen der äußeren Summe von Ei- und Samenzelle zum Embryo noch der Unterschied zwischen Pronunculi und Embryo hierdurch zu bezeichnen. In der Betrachtung bloßer biochemischer Prozesse verschwinden die qualitativen Differenzen von Keimzellen, Pronunculi und Embryo durch die Abstraktion von der inneren Zweckmäßigkeit der Entwicklung eines Organismus. Richtig an Merkels Kritik des Potentialitätsarguments ist nur, daß das Vermögen zu bestimmten Eigenschaften nicht diese Eigenschaften selbst sind. Haltbar wäre seine Kritik des Potentialitätsarguments nur dann, wenn bestimmte Eigenschaften, die der Embryo im Unterschied zum geborenen Menschen nicht hat, Grund des Lebensrechtes wären.

Die Identität von Embryo und Person

Merkel kritisiert die Behauptung, es gäbe eine für den moralischen Status relevante Identität zwischen dem frühen Embryo und dem geborenen Men-

---

92 A. a. O., S. 177 f.

schen, der »Person«. Die von Merkel kritisierte Position lautet: Weil der geborenen Person Menschenwürde zukommt und eine Identität zwischen dieser Person und dem Embryo besteht, darum kommt auch dem Embryo Menschenwürde zu. So begründen hauptsächlich Vertreter der katholischen Kirche die Menschenwürde des Embryos über die identische Seele. Diese Argumentation nennt Merkel das »Identitätsargument«.[93] Er will es widerlegen, indem er auf naturwissenschaftlicher Grundlage zu bestimmen versucht, worin die Identität liegt. Ein eindeutig identisches Merkmal zwischen Embryo und späterer Person, so Merkel, sei nur die DNA. Daß dieses biologische Merkmal – die Reihenfolge der Nukleinbasen beim Menschen, die vermutlich zu 99% mit denen der Maus identisch ist[94] – keinen besonderen Schutz des Menschen begründen kann, wurde schon bei der Kritik des Speziesarguments gezeigt. Ein anderes gemeinsames Merkmal von Embryo und Person als das Genom ist Merkel zufolge nicht festzustellen. Eine »Identität in moralisch relevantem Sinne« liege erst in denjenigen Eigenschaften vor, die auch geeignet seien, den Schutzstatus des Menschen zu begründen. Damit gleicht die folgende Argumentation derjenigen, mit der bereits das Speziesargument widerlegt werden sollte: »*Frühestens dann, wenn sich diese Eigenschaften in ersten Ansätzen zu entwickeln beginnen, kann eine normativ relevante Identität zwischen diesem [dem Embryo] und einem späteren Stadium der menschlichen Entwicklung sinnvoll behauptet werden. [...] Worin immer nun diese normativ identitätsstiftenden Eigenschaften genau bestehen, von welchem organischen Substrat, etwa der Entwicklung eines zentralen Nervensystems, sie abhängen und wann immer sie erstmals wenigstens rudimentär vorhanden sein mögen: was sie jedenfalls voraussetzen, ist ein Minimum an mentaler Aktivität. [...] Der frühe Embryo erfüllt zweifellos keines unter allen diskutablen Kriterien. Daher mag hier offenbleiben, welches davon das bestbegründete sein mag.*«[95] Was über die DNA nicht begründet werden

---

93 Das »Potentialitätsargument« und das »Identitätsargument« schließen einander aus. Da Möglichkeit zu schutzbegründenden Eigenschaften nicht diese Eigenschaften selbst sind, besteht hier keine Identität zwischen geborenem Menschen und Embryo. Identität kann nur aktuell, nicht potentiell sein.

94 Von 30.000 gefundenen und identifizierten Genen sind nur etwa 300 maus- bzw. menschspezifisch. Daraus wird geschlossen, daß auch die noch zu untersuchenden Gene zu ca. 99 % identisch sein werden. Die Differenzen der Organismen von Mensch und Maus entstehen vor allem dadurch, daß verschiedene Gene aktiv sind. So haben auch Menschen das Gen zur Ausbildung eines Schwanzes, doch ist es im Gegensatz zur Maus inaktiv. Vgl. hierzu *Nature* vom 5.12.2002.

95 A. a. O., S. 179 f.

konnte, soll durch »ein Minimum an mentaler Aktivität« begründbar sein: die moralisch relevante Identität zwischen ungeborenem und geborenem Menschen. Diese »minimale mentale Aktivität« sei zwar nicht hinreichende, aber notwendige Eigenschaft einer Person, deren Lebensrecht unantastbar gelte. Erst in weiteren Eigenschaften, die »offenbleiben mögen«, von denen Merkel nichts weiß, als daß der frühe Embryo sie nicht hat, bestehe »*eine Identität mit der geborenen Person, die später aus ihm [dem Embryo] werden kann.*«[96] Diese Eigenschaften, so ist hier unterstellt, machen die Differenz zur Person aus.

Indem Merkel den moralischen Status an ein Merkmal hängt, dessen vollständige Bestimmung konsequent im Dunkeln bleibt, übernimmt er eben den Fehler, der das Identitätsargument durchzieht: Die Hypostasierung eines unbestimmten Etwas zur Identität, auf welchem das Lebensrecht eines Wesens gründen soll. Was den Vertretern der katholischen Kirche die Seele ist, ist Merkel ein ungenanntes organisches Material als Voraussetzung für ungenannte Eigenschaften.

Die gesamten aufgezeigten Mängel an Merkels Begründungsversuchen für ein abgestuftes Lebensrecht, das den Verbrauch von Embryonen zu Forschungszwecken moralisch legitimieren oder sogar gebieten soll, lassen sich als eine unterlassene, aber stets unterstellte Definition der Person zusammenfassen. Daß Personen sowohl Menschenwürde als auch absoluter Lebensschutz zukomme, wird als evident gesetzt; was aber eine Person ist und worin ihre Unantastbarkeit gründet, bleibt offen. Person ist hier nur negativ bestimmt als etwas, das der frühe menschliche Embryo nicht ist. Unterstellt sind Eigenschaften, die zumindest Empfindungsfähigkeit, die sich auch bei Tieren findet, als Minimalbedingung haben. Dem abgestuften Lebensschutz – über die Gattungssolidarität hin zum vollen, unantastbaren Lebensrecht des geborenen Menschen – entsprechend müßte Merkel auch die Personwerdung als graduell abgestufte verstehen: von dem »Minimum an mentaler Aktivität« bis zum denkenden Menschen, der »ganz« Person ist. Leider äußert er sich hierüber nicht. Ob Merkels These, daß frühe Embryonen keine Personen sind und daß nur Personen einen moralischen Status haben, der ein Lebensrecht begründet, zu halten ist, steht und fällt folglich mit der Antwort auf die Frage, was eine Person ist.

---

96   A. a. O., S. 178 f.

Personenbegriffe in der Stammzellendebatte

Moralische Rechte, so die weitgeteilte Ausgangsthese, besitzt ein Wesen, das Person ist. Personalität bezeichnet folglich dasjenige, worin Würde und Rechte eines Wesens begründet sind. In der Frage nach dem Begriff der Person stehen sich so dieselben Positionen gegenüber wie in der Debatte um das Lebensrecht von Embryonen.

Bestimmung der Person durch Eigenschaften

Der Personenbegriff, auf den auch Reinhard Merkel sich implizit bezieht, versucht Personalität über einen Positivkatalog von Eigenschaften zu bestimmen. Wenn sich keine solchen Kriterien für den Personenstatus finden ließen, so die Begründung für einen Positivkatalog, wäre es obsolet, von Personen zu reden, da sich nicht empirisch feststellen ließe, wer oder was mit diesem Begriff zu bezeichnen ist. Eine Person sei hiernach ein Wesen mit bestimmten Eigenschaften. Als Folge wird der Begriff der Person vom Begriff des Menschen abgekoppelt: »Mensch« bezeichnet Exemplare einer biologischen Spezies, »Person« Lebewesen mit bestimmten Eigenschaften, die einen moralischen Status begründen sollen. Welche Eigenschaften die Personalität umfassend begründen, ist auch bei den Vertretern dieser Position zum einen umstritten, zum anderen oft nicht ausgeführt.[97] Die häufigstgenannten Kriterien sind Intelligenz, Selbstbewußtsein, Selbstverständnis, Emotivität, Glücksfähigkeit, Leidensfähigkeit, Rationalität, Intentionalität, temporale Identität, Sprache, Handlungsfreiheit oder die Fähigkeit der wechselseitigen Anerkennung von Rechten. Diese Merkmale, einzeln oder in Kombination, sollen die Person ausmachen und deren Rechte begründen.[98] Das Vorgehen, das aus partikularen Eigenschaften das Personsein erklären will, führt dahin, daß es

---

97 Vgl. Unterkapitel *Die Spezieszugehörigkeit*.
98 Gesammelt werden diese Eigenschaften an Menschen, die vorher als Personen identifiziert wurden. Erst wenn bestimmte Merkmale als Grund deren Personseins bestimmt wurden, können sie vom Menschen abgelöst und auch bei anderen Wesen verortet werden. Darum ist nach jeder Definition zumindest ein Großteil aller Personen menschlich.

nicht eine Person ist, die diese Eigenschaften hat, sondern daß die Eigenschaften selbst die Person sind. »Person« ist so ein Synonym für bestimmte Eigenschaften und folglich selbst bloßes Akzidenz. »*Wird aber alles nur in akzidentellem Sinne ausgesagt, so gäbe es ja gar nichts Erstes, wovon ausgesagt würde, wenn anders das Akzidenz immer das Prädikat eines Subjekts bedeutet.*«[99] Dieses Problem, daß das Subjekt der Würde und des Lebensrechtes zu verschwinden droht und um so vager wird, desto genauer die Eigenschaften der Personalität bestimmt werden, zieht sich im Folgenden durch.

Konsequente Vertreter dieser Position wie Peter Singer[100] lösen sich ganz von der Vorstellung von Menschenrechten und sprechen Tieren, so sie über die rechtsbegründenden Eigenschaften der Person verfügen, einen höheren moralischen Status zu als Menschen, die diese Eigenschaften nicht vorweisen können. In der deutschen Debatte wird diese konsequente Variante, die aus der Zuschreibung der Personalität aufgrund bestimmter, empirisch vorfindlicher Eigenschaften folgt, nicht vertreten.[101] Vielmehr werden die Tiere, ungeachtet ihrer Eigenschaften, meist von vornherein ausgenommen, wenn es um die Zuschreibung von Personalität geht. Der Begriff der Person soll an den des Menschen gebunden werden, kann aber, da er von konkreten Merkmalen abhängen soll, nur einzelne Menschen mit bestimmten Eigenschaften umgreifen, so daß der Begriffsumfang der Person kleiner ist als der des Menschen: Nicht jeder Mensch sei eine Person, aber alle Personen seien Menschen. Aus diesem Grund schlug Norbert Hoerster in der Stammzellendebatte vor, Menschenrechte durch Personenrechte zu ersetzen.[102] Dies impliziert, daß diejenigen Menschen, welche die geforderten Eigenschaften nicht haben, rechtlos seien. Um diese Konsequenz nicht ziehen zu müssen, soll dann der Rechtsraum über die Personen hinaus ausgeweitet werden.[103]

---

99 Aristoteles, *Metaphysik Buch IV*, Hamburg 1995, S. 1007a.
100 Vgl. Peter Singer, *Praktische Ethik*, Stuttgart 1984.
101 Auch wenn Singers Theorie nicht in ihrer ganzen Konsequenz übernommen wird, geht doch die Eigenschaft der Empfindungsfähigkeit, für die auch Merkel plädiert, auf die utilitaristische Moralvorstellung Peter Singers zurück. Wenn Leidvermeidung das Ziel von Schutz sein soll, ist die Empfindung von Leid in Form von physischem Schmerz die logische Voraussetzung für den moralischen Schutz.
102 Vgl. *Frankfurter Allgemeine Zeitung*, 24.02. 2001 oder 08.03. 2001.
103 Diese Konsequenz soll deshalb nicht gezogen werden, weil es unmoralisch wäre, Menschen ohne personale Eigenschaften zu rechtlosen Wesen zu erklären; dieses Urteil, es sei unmoralisch, Menschen ohne personale Eigenschaften das Menschenrecht abzusprechen, widerspricht schon der These, Menschenrechte gründeten auf personalen Eigenschaften – welche auch immer das seien.

So definiert Dieter Sturma die Person als einen »*Bewohner des Raums der Gründe und Handlungen*«.[104] Die zu begründeten Handlungen fähige Person könne Rechte wie das Lebensrecht zusprechen, wobei dieses Zusprechen zugleich eine moralische Pflicht sei. Hieraus folgt bereits, daß der Grund der Rechte nicht darin liegen kann, daß sie verliehen werden. Die Person spreche Rechte mindestens sich selber und anderen Personen zu, habe aber auch eine moralische Verpflichtung gegenüber Nicht-Personen, insbesondere gegenüber Menschen: »*Um Lebensgarantie und Rechte haben zu können, muß man aber keine Person sein. Auch wenn Menschen nicht notwendigerweise Personen und Personen nicht notwendigerweise Menschen sind, herrscht zwischen ihnen dennoch ein besonderes und enges Verhältnis: Unter normalen Umständen wird jeder Mensch eine Person. Das kann von keiner anderen uns bekannten Lebens- oder Intelligenzform gesagt werden. Menschen sind nach wie vor die besten Kandidaten für den Personenstatus. Auf sie sollten wir uns konzentrieren und auf die Verpflichtungen, die sie für andere Lebewesen und unsere Umwelt haben. Für die Adressaten moralischer Verpflichtungen benötigen wir aber nicht den Personenstatus. Grade weil wir Personen sind, haben wir die Verpflichtung, die Natur der Nicht-Personen zu schützen.*«[105] Indem Sturma das Lebensrecht vom Personsein abkoppelt, löst er das Problem der Begründung eines solchen Rechtes nicht, sondern verlagert es. Personen seien nicht nur Träger von Rechten, sie seien auch Wächter über die Rechte der Nicht-Personen. Diese Rechte würden den Nicht-Personen nicht erst von Personen verliehen, sondern kämen ihnen selbst aufgrund bestimmter Eigenschaften zu, wodurch die Personen verpflichtet seien, diese Rechte zuzusprechen. Wieder stellt sich das Problem, welche Eigenschaften eines Wesens seine Rechte begründen, wenn es nicht diejenigen Eigenschaften sein sollen, die eine Person ausmachen.

Dieter Birnbacher versucht, dieses Problem der Fixierung rechtsbegründender Eigenschaften über ein flexibles Verhältnis von Rechten und Eigenschaften zu umgehen: »*Ein weithin anerkannter Kandidat für die Begründung von moralischen Rechten ist die Empfindungsfähigkeit. Empfindungsfähigkeit kann für den Besitz moralischer Anspruchsrechte hinreichend sein, während sie nach keiner Personenkonzeption [...] hinreichend ist, einem Wesen den Personenstatus zu verleihen. Menschlichen Noch-nicht-Person[en]*

---

104 Dieter Sturma, *Person und Philosophie der Person*, in: *Person*, Dieter Sturma (Herausgeber), Paderborn 2001, S. 20.
105 A. a. O., S. 16.

können Anspruchsrechte zugeschrieben werden (sofern damit zu rechnen ist, daß sie zu einem späteren Zeitpunkt Empfindungsfähigkeit erlangen), ohne ihnen zugleich Personenstatus zuschreiben zu müssen. [...] Nicht-Personen können nicht nur moralische Rechte haben, sie können auch dieselben Rechte haben wie Personen. Personalität ist nicht nur keine notwendige Bedingung für die Zuschreibung von moralischen Rechten, sie ist auch keine notwendige Bedingung für die Zuschreibung genau derjenigen Rechte, die Personen zugeschrieben werden.«[106] Birnbacher spaltet moralische Rechte auf, mindestens in Anspruchsrechte und Personenrechte, was den Begriff des Rechtes wie der Moral insgesamt diffus macht. Zudem wird das Personsein so zu einem Akzidenz eines Menschen, welches das bloße Vorhandensein oder Fehlen bestimmter Eigenschaften Einzelner bezeichnet und weder auf Moral gründet, noch geeignet ist, Rechte zu begründen. Mit dieser Bestimmung der Person wird der Personenbegriff moralisch irrelevant, da aus ihm kein »Anspruchsrecht« folgt. Die Gründe für diese Entkoppelung von Moral und Person bei Birnbacher sind pragmatische: *»Erstens ist eine Begründung von Rechten mithilfe des Personenbegriffs darauf festgelegt, die Zuschreibung von Rechten ausschließlich in Fähigkeiten zu fundieren.«*[107] Sie ist dies allerdings nur, wenn man zuvor den Personenstatus ausschließlich durch Fähigkeiten definiert hat. *»Zweitens läßt eine Begründung von moralischen Rechten unabhängig vom Personenbegriff Raum für eine größere Vielfalt und Flexibilität der jeweils einzuschlagenden Begründungswege. Während der Personenbegriff die Wesen in eine starre Dichotomie von Personen und Nicht-Personen zwingt, weisen die Eigenschaften, in denen moralische Rechte fundiert sind, vielfältige Überlappungen und Übergänge auf. Einem Wesen können aufgrund spezifischer Fähigkeiten und Bedürftigkeiten bestimmte Recht[e] zuzusprechen sein, ohne daß ihm damit alle möglichen Rechte zugesprochen werden müssen. Einem Wesen können aufgrund der Tatsache, daß es bestimmte Fähigkeiten und Bedürftigkeiten nicht hat, bestimmte Rechte abzusprechen sein, ohne daß ihm deshalb alle möglichen Rechte abgesprochen werden dürfen. [...] Welche Rechte einem Wesen zukommen, hängt weniger davon ab, über wieviele der für den Personenstatus notwendigen Fähigkeiten es verfügt, als davon, über welche es verfügt.«*[108] Der Grund für moralische Rechte solle, so Birnba-

---

106 Dieter Birnbacher, *Selbstbewußte Tiere und bewußtseinsfähige Maschinen*, in: *Person*, Dieter Sturma (Hrsg.), a. a. O., S. 316.
107 A. a. O., S. 317.
108 Ebd.

cher, nicht ausschließlich in Fähigkeiten, sondern auch in Bedürfnissen liegen, weshalb ein Personenbegriff, der sich nur durch Fähigkeiten bestimmt (die auch bei Birnbacher nicht expliziert werden), ungeeignet für die Zuschreibung von Rechten sei. Doch diese Differenzierung in Fähigkeiten und Bedürfnisse wird von Birnbacher nicht weiter ausgeführt; statt dessen zieht er beides wieder zu »Eigenschaften« zusammen. Sowohl Personalität als auch Rechte haben ihren Grund laut Birnbacher in bestimmten Eigenschaften, nur sollen die »Eigenschaften, in denen moralische Rechte fundiert sind« andere sein, als die, welche eine Person ausmachen. Befreit von der »starren Dichotomie«, die nur Personen und Nicht-Personen kennt, sollen die Rechte den spezifischen Eigenschaften eines Wesens angepaßt werden können. Im Resultat gibt es dann keine allgemeine Moral mehr, sondern für jedes Wesen wird ein individuelles Recht nach seinem ureigensten Fähigkeits- und Bedürftigkeitsprofil erstellt. Da alles organische Leben aufgrund seines Stoffwechsels Bedürfnisse und Fähigkeiten hat, wäre kein Lebendiges hiervon ausgenommen. Ein besonderer moralischer Status des Menschen läßt sich mit dieser abgestuften Zuschreibung von Rechten nicht begründen.

Jede Bestimmung eines moralischen Rechtes über positive Eigenschaften schließt alle Wesen ohne diese Eigenschaften aus. Will man nun einige Lebewesen – kranke Menschen oder Kinder – aus moralischen Gründen[109] dennoch mit einbeziehen, auch wenn sie die genannten Eigenschaften nicht aufweisen, und will man gleichzeitig andere Wesen – Tiere oder Pflanzen – von dem moralischen Status ausschließen, obwohl sie sich nicht aufgrund jener Eigenschaften eindeutig von den Ersteren trennen lassen, braucht man Hilfskonstruktionen, die unabhängig von den empirischen Eigenschaften der Lebewesen sein müssen. Diese Hilfskonstruktionen stehen notwendig im Widerspruch zu der Prämisse, daß der moralische Status eines Wesens in seinen Eigenschaften gründe. Da das Kriterium nie zureichend ist, wird es mit Einschränkungen oder Weiterungen versehen, bis sich genau der Kreis von Trägern moralischer Rechte hierdurch »begründen« läßt, der begründet werden soll und schon vorher feststeht. Der Grund der Würde und der Rechte eines Menschen muß folglich anderswo zu finden sein.

---

109   Daß z. B. Demenzkranke den moralischen Status einer Person haben, ist schon vorher gesetzt. In der deutschen Debatte zumindest will dies niemand öffentlich in Frage stellen. Aber warum sie diesen Status haben, den Mäuse oder Embryonen nicht haben sollen, läßt sich mit einem moralbegründenden Personenbegriff, der an Eigenschaften hängt, nicht konsistent begründen.

Alle Menschen sind Personen

Gegen die Bestimmung des Personenstatus durch empirisch vorfindbare Eigenschaften schrieb Robert Spaemann in der ZEIT, »*dass wir Menschen deshalb Personenwürde zuerkennen, weil die normalen Mitglieder der Menschheitsfamilie über bestimmte Eigenschaften verfügen wie Selbstbewußtsein, Selbstachtung und andere. Daraus aber wird nun gefolgert, nur diejenigen Mitglieder hätten Anspruch auf Respekt, die aktuell über diese Eigenschaften verfügen. Wenn dies so wäre, dann wären es tatsächlich die Eigenschaften und Zustände, die wir achten, nicht aber deren Träger, die manchmal in solchen Zuständen sind und manchmal nicht.*«[110]

In der Stammzellendebatte hat Robert Spaemann deutlich Position gegen eine verbrauchende Embryonenforschung bezogen mit der These, daß menschliches Leben immer und von Anfang an personales Leben ist und damit unveräußerliche Würde und uneingeschränktes Recht auf Leben besitzt. Spaemann setzt der positivistischen Definition einen Begriff von Person entgegen, der notwendig alle Menschen umfaßt. Auch er geht davon aus, daß bestimmte Eigenschaften wie Selbstbewußtsein als Fähigkeit zur Reflexion und Selbsttranszendenz die Personalität erst ermöglichen. Aber die zu einem bestimmten Zeitpunkt bei einem Menschen empirisch feststellbare Abwesenheit dieser Eigenschaften bedeute nicht die Abwesenheit der Personalität. In der Einleitung zu seinem Buch *Personen* heißt es: »*Sind alle Menschen Personen? Es zeigt sich, daß die bejahende Antwort Voraussetzungen hat. Sie setzt voraus, daß Personen zwar a priori in einer auf Anerkennung basierenden wechselseitigen Beziehung stehen, aber daß diese Anerkennung nicht dem Personsein als dessen Bedingung vorausgeht, sondern auf einen Anspruch antwortet, der von jemandem ausgeht. Sie setzt ferner voraus, daß wir diesen Anspruch zwar aufgrund gewisser Artmerkmale zuerkennen, daß es aber für die Anerkennung als Person nicht auf das tatsächliche Vorhandensein dieser Merkmale ankommt, sondern nur auf die Zugehörigkeit zu einer Art, deren typische Exemplare über diese Merkmale verfügen. Und dies, obwohl oder weil Personen sich zu der Art, der sie angehören, auf andere Weise verhalten als Exemplare anderer Spezies. Personen sind in einem unvergleichlichen Sinn Individuen. Gerade deshalb kommt es für ihre Anerkennung als Personen nicht auf das individuelle Auftreten bestimmter Artmerkmale an, sondern*

---

110 Robert Spaemann, *Die Zeit*, 18.01.2001.

nur auf die Zugehörigkeit zur Art.«[111] Dasjenige Moment des Menschen, das gerade nicht biologische Natureigenschaft ist, sondern den Menschen von allen anderen biologischen Lebewesen trennt und sein Personsein ausmacht, soll an die Natureigenschaft, Mitglied einer biologischen Art zu sein, geknüpft werden. Es seien Eigenschaften wie Selbstbewußtsein, die Menschen zu Personen machten, aber diese Eigenschaften als Artmerkmale sollen auch für denjenigen Menschen Achtung fordern, der sie nicht hat. So gründet die Achtung laut Spaemann zwar auf empirischen Eigenschaften, abstrahiert aber zugleich von den empirischen Menschen, indem die Eigenschaften als arttypisch klassifiziert werden. Achtung sei so blind für jede Privation. »*Und auch wenn dieses Wesen aufgrund einer Behinderung niemals »ich« sagen lernt, gehört es als Sohn oder Tochter, als Bruder oder Schwester zu einer menschlichen Familie und so zur Menschheitsfamilie, die eine Personengemeinschaft ist. Es gibt nur ein zulässiges Kriterium für menschliche Personalität: die biologische Zugehörigkeit zur Menschheitsfamilie. [...] Der Anfang eines jeden von uns liegt im Unvordenklichen. Zu jedem Zeitpunkt ist es geboten, das, was, von Menschen gezeugt, sich autonom auf eine erwachsene Menschengestalt hin entwickelt, als »jemanden« zu betrachten, der nicht als »etwas«, zum Beispiel als Organersatzlager zugunsten anderer, und seien sie noch so leidend, ausgeschlachtet werden darf.*«[112] Menschen seien zwar als Art eine Fortpflanzungsgemeinschaft, aber ihre Verwandtschaft miteinander sei nicht bloß biologisch, sondern immer auch sozial und damit personal bestimmt. Spaemann bindet Personalität an die biologische Art Mensch, ohne daß der Grund des Personseins ein biologischer wäre. Das Kriterium des Personseins soll die Artangehörigkeit zu *homo sapiens sapiens* sein. Der Grund für das Personsein kann jedoch nicht in der bloßen Zugehörigkeit zu einer biologischen Art liegen.

Natur und Freiheit

Die Personalität ist laut Spaemann kein »*Artmerkmal, sondern ein Status, und zwar der einzige Status, der niemandem von anderen verliehen wird, sondern der jemandem natürlicherweise zukommt. Das heißt nicht, daß er*

---

111   Robert Spaemann, *Personen*, Stuttgart 1998, S.11.
112   Robert Spaemann, *Die Zeit*, 18.01.2001.

etwas »*Natürliches*« *ist.*«[113] Wenn jemandem etwas »natürlicherweise zukommt« und weder verdient noch verliehen ist, dann kommt es ihm von seiner eigenen Natur zu und ist ein Natürliches. Wenn nun Personalität in der Natur des Menschen begründet ist, aber zugleich nichts Natürliches sein soll, kann dies nur heißen, daß die Menschennatur keine natürliche ist, sondern selbst, von Natur aus, über die Natur hinausreicht. So komme den Menschen Personalität natürlicher Weise zu, aufgrund ihrer Menschennatur, ohne natürlich zu sein, d. h. ohne eine biologische Größe oder Eigenschaft zu sein, die sich empirisch fassen ließe. Menschen sind anders als Tiere nicht eins mit ihrer Natur, sondern sie können sich als denkende Wesen zu ihrer Natur noch einmal verhalten: Menschen sind frei.

Freiheit ist nach Spaemann jedoch nicht möglich ohne eine Bestimmtheit durch die Natur. »*Zur Freiheit gehört die artgemäße Entfaltungsmöglichkeit. Eine Schwalbe im Wasser und eine Forelle am Ufer sind nicht frei.*«[114] Auch Menschen haben Spaemann zufolge eine Natur wie die Tiere als ein Prinzip spezifischen Reagierens. Sie seien nicht in dem Sinne frei, daß sie »*keine Natur hätten und erst selbst darüber entscheiden müßten, was sie sind. Aber sie können sich zu dieser ihrer Natur noch einmal verhalten. Sie können sich deren Wesensgesetze in Freiheit zu eigen machen oder gegen sie verstoßen und »aus der Art schlagen«. Als denkende Wesen sind sie deshalb nicht nur benennbar als Zugehörige ihrer Art, sondern als Individuen, die »in einer solchen Natur existieren«. Das heißt: sie existieren als Personen.*«[115] Gerade bei einem Autor, der das Personsein des Menschen so nachdrücklich betont wie Spaemann, überrascht diese Einebnung der Differenz von Tier und Mensch über den Begriff der Freiheit, der auf ein Tieren wie Menschen innewohnendes Prinzip spezifischen Reagierens bezogen wird. Der Begriff der Freiheit meint bei Spaemann nicht Freiheit von der heteronomen Bestimmtheit durch die Natur zu einem selbstbestimmten Handeln, sondern das Entsprechen der eigenen Natur, zu dem beim Menschen noch das Wissen von der eigenen Natur, was er das »Haben« der eigenen Natur nennt, hinzutritt. Frei sei der Mensch, der gemäß seiner Triebe handele, die er zwar diszipliniere und forme, aber nicht unterdrücke. Freiheit erlange der Mensch nur in Harmonie mit seiner Natur.[116] Wer gegen sie handele, mache sich selbst unfrei.

---

113 Spaemann, *Personen,* A. a. O., S. 26.
114 A. a. O., S. 210.
115 A. a. O., S. 42.
116 Vgl. a. a. O., S. 211.

Spätestens hieran zeigt sich die Unsinnigkeit des Spaemannschen Freiheitsbegriffs, der konsequent fortgeführt dahin führt, daß Tiere gar nicht anders als gemäß ihrer Natur, also frei, Menschen dagegen durch ihr Selbstbewußtsein auch gegen ihre Natur, also unfrei, handeln können sollen.

Wenn jedoch dieses Wissen um die eigene Natur es ermöglicht, sich von der Bestimmtheit durch die Natur zu emanzipieren, »aus der Art zu schlagen«, dann kann der Mensch entgegen Spaemanns Behauptung selbst bestimmen, wie er leben will. Und damit hört naturgemäßes Reagieren auf und der Mensch ist frei, nach eigener Willkür zu handeln. Doch dies hieße laut Spaemann, den Menschen auf sein Bewußtsein, auf seine Rationalität zu reduzieren. Der Mensch bleibe immer an seine Natur gebunden und gehe in diese zurück; auch wenn er sich zeitweise aus ihr erheben könne, müsse er sich laut Spaemann immer zu ihr verhalten, weil er sie wisse. »*Es gehört deshalb wesentlich zur Person, nicht nur Bewußtsein zu sein, sondern eine Natur zu haben.*«[117] Aus diesem Grund sei nicht [Zweck-] Rationalität ein Kriterium der Personalität, sondern Intentionalität. Eine Handlung könne auf einen bestimmten Zweck hin gerichtet sein, ohne daß sie auch nur annähernd geeignet sei, diesen Zweck zu realisieren. Insofern sei die Intentionalität, die z. B. den Handlungen Geisteskranker zugrunde liege, Ausdruck ihrer Personalität. Auch sie könnten eine »eigene Handlungsrationalität« haben und so der Unterscheidung zwischen Gut und Böse fähig sein. Sie könnten so »*nicht vor den Menschen, aber vor Gott [...] auf die gleiche Weise verantwortlich sein, wie* »vernünftige« *Menschen.*«[118] Rationalität und Intentionalität, auf deren Trennung Spaemann beharrt, sind jedoch beides Fähigkeiten, über die nur ein Wesen mit Vernunft verfügt, das sich seine Zwecke setzen – d. h. sie denken – kann und Mittel zur Realisierung des Zweckes bewußt einsetzt (mögen sie sich nun zur Realisierung des gesetzten Zweckes als geeignet erweisen oder nicht). Intentionalität ist daher ebensowenig ein »natürliches Prinzip spezifischen Reagierens« wie Rationalität.

Menschen, die nicht einmal der Intentionalität fähig seien, weil sie zu gar keiner Handlung körperlich und geistig in der Lage sind, seien gleichwohl Personen, kranke Personen. »*Wären sie etwas anderes als* »jemand«, *dann müßten sie irgendeine spezifische Normalität besitzen, eine Seinsweise, die nicht die Seinsweise von Personen ist, eine eigene ökologische Nische in der*

---

117 A. a. O., S. 112.
118 A. a. O., S. 259.

Welt. [...] Sie sind Menschen. Menschen sind Wesen einer Art, deren Natur es erfordert, »gehabt« zu werden, nicht einfach zu »sein«. [... D]a es die Eigentümlichkeit der menschlichen Natur ist, auf personale Weise gehabt zu werden, haben wir keinen Grund, diese Natur ganz anders zu betrachten, wenn sie schwer verunstaltet ist.«[119] Wenn eine Person niemals in der Lage sein wird, diejenigen Eigenschaften zu entwickeln, die eine »normale« Person auszeichnen, bestimmt Spaemann das Fehlen dieser Eigenschaften als Privation an einer Person, nicht als Abwesenheit der Personalität dieses Menschen.

Die personale Natur des Menschen wird von Spaemann als an die biologische Natur geknüpfte verstanden, ohne selbst eine biologische Größe zu sein. Durch diese Verknüpfung sei alles menschliche Leben immer schon personales Leben, vom Anfang bis zum Ende, und die Würde und Unveräußerlichkeit der Person komme uneingeschränkt jedem Menschen zu. *»Es gibt keine potentiellen Personen. Personen besitzen Fähigkeiten, Potenzen. Personen können sich entwickeln. Aus etwas wird nicht jemand. Wenn Personalität ein Zustand wäre, könnte sie allmählich entstehen. Wenn aber Person jemand ist, der sich in Zuständen befindet, dann geht sie diesen Zuständen immer schon voraus. [...] Personalität ist nicht das Ergebnis einer Entwicklung, sondern immer schon die charakteristische Struktur einer Entwicklung. Da Personen nicht in ihre jeweils aktuellen Zustände versenkt sind, können sie ihre eigene Entwicklung als Entwicklung und sich selbst als deren zeitübergreifende Einheit verstehen. Diese Einheit ist die Person.«*[120] Dies gelte auch dann, wenn die Entwicklung aufgrund einer Privation nicht von der Person selbst, sondern von anderen Personen als personale Einheit verstanden und anerkannt werde. *»Die Anerkennung von Personsein ist die Anerkennung eines unbedingten Anspruchs. Die Unbedingtheit eines Anspruchs wäre illusorisch, wenn zwar der Anspruch als solcher unbedingt, sein tatsächliches Vorliegen aber von empirischen Voraussetzungen abhängig wäre, die immer hypothetisch sind. [...] Der Anspruch wird überhaupt als unbedingter nur vernommen in eins mit der Überzeugung, daß dies ein Fall der Unbedingtheit ist.«*[121]

Da Personalität nicht an empirischen Eigenschaften hängen dürfe – dann wäre sie bedingt – ist Spaemann zufolge eine Abwägung, ob etwas Person sei, im Einzelfall gar nicht möglich. *»Es kann und darf nur ein einziges Kriterium*

---

119 A. a. O., S. 259 f.
120 A. a. O., S. 261.
121 A. a. O., S. 262 f.

für Personalität geben: die biologische Zugehörigkeit zum Menschengeschlecht. Darum können auch Anfang und Ende der Existenz der Person nicht getrennt werden vom Anfang und Ende des menschlichen Lebens. Wenn »jemand« existiert, dann hat er existiert, seit es diesen individuellen menschlichen Organismus gab, und er wird existieren, solange dieser Organismus lebendig ist. Das Sein der Person ist das Leben eines Menschen.«[122] Hiermit bestimmt Spaemann die Personalität implizit als das Wesen des Menschen, nämlich als das, worin der Mensch sein eigentümliches Sein habe. Personalität ist als dasjenige, was kein Zustand ist, sondern sich in Zuständen befindet, der Sache nach die Substanz, der die Akzidenzien zukommen. Doch explizit vermeidet Spaemann jeden Wesensbegriff und verwendet an seiner Stelle den Begriff der (personalen) Seele, die in Gott gründe.[123]

Liebe und Anerkennung

Der Mensch wurzele als Sinnenwesen in der Natur, habe Triebe, sei »Fleisch«, wie es im Neuen Testament heißt; zugleich gehe er über die Natur hinaus, indem er auch Geist sei. Im Widerstreit zwischen diesen beiden entscheide das »Herz«. Auch diesen Ausdruck übernimmt Spaemann aus der christlichen Tradition. Herz meint nicht den Willen, der Entscheidungen aufgrund von Neigungen oder Vernunft trifft, sondern ist nach Spaemann das Vermögen vor dem Willen, das diesen bestimmt. Die Wendung des Herzens zum Geist hin nennt Spaemann den Akt der Liebe. Dieser sei zugleich eine Zuwendung zu allen Personen und eine Zuwendung zu Gott, der ganz Geist sei. *»Liebe ist der spezifische Akt der Geist-Seele, also der personalen Seele.«*[124] Liebe sei das Prinzip der Moral und Grund der Personalität. *»Erst die Bejahung des anderen Selbstseins – als Anerkennung, Gerechtigkeit, Liebe – erlaubt uns jene Selbstdistanz und Selbstaneignung, die für Personen konstitutiv ist, also die »Freiheit von uns selbst«.«*[125] Diese Freiheit als Freiheit von sich selbst erlange der Mensch durch Liebe, der sich kein Mensch entziehen könne, weil sie »eine Wahrheit ist«, womit Spaemann meint, daß sie unmittelbar evident sei. *»Sich ihrem Anspruch aussetzen, heißt, von sich selbst gera-*

---

122 A. a. O., S. 264.
123 Vgl. a. a. O., S. 170.
124 A. a. O., S. 162.
125 A. a. O., S. 230.

de losgelöst zu sein, also den naturwüchsigen Anspruch auf Autonomie aufgegeben zu haben. Das erst erfüllt den Begriff personaler Freiheit.«[126]

Sich selbst das Gesetz geben kann nur ein Wesen, das frei ist. Autonomie setzt Freiheit voraus, und diese kann nicht zugleich durch einen fremden Willen oder durch die Natur heteronom bestimmt sein. Spaemann kehrt dieses Verhältnis um: Personale Freiheit bestehe im Aufgeben der Autonomie durch den Akt der Liebe. Es gehöre so zur »Natur« des Menschen, gegen seine »naturwüchsige« Autonomie, seine »egoistischen Triebe«, wie Spaemann es nennt, die Autonomie aller anderen Menschen anzuerkennen und darin seine eigene Autonomie aufzugeben. Der Grund der Autonomie einer Person läge demnach nicht in ihr selbst, sondern in der Zuerkennung durch andere Personen. Das führt auf den Widerspruch, daß Autonomie selbst heteronom bestimmt wäre. Anstelle eines freien Willens, der sich selbst das Gesetz gibt, setzt Spaemann die Liebe, durch welche im »spezifischen Akt der personalen Seele« anderen Personen Autonomie als dasjenige zugesprochen wird, was die zusprechende Person selbst für sich in diesem Zusprechen aufgibt. Der Abkehr vom freien Willen entsprechend sei die Liebe dem Willen der Person vorgeordnet.

Wollen ist nur als Wollen von etwas Bestimmtem. Das Prinzip, der Grund und die Ursache des Wollens – die bei Spaemann nicht unterschieden werden – sei dem Willen selbst entzogen. Als Prinzip des Willens bestimmt Spaemann die Liebe: »*Was wir lieben, darüber entscheidet nicht das Wollen, aber was wir wollen, darüber entscheidet die Liebe.*«[127] Liebe sei die Ursache des Wollens, sie selbst sei von keiner weiteren Ursache ableitbar. »*Sie ist die Öffnung der Person in der spontanen Bejahung aller anderen Mitglieder der apriorischen Gemeinschaft von Personen. Diese Öffnung geht allen einzelnen Willensakten voraus. Sie hat überhaupt nicht den Charakter des Wollens, sondern qualifiziert unmittelbar das Sein der Person, aus dem alles Wollen hervorgeht.*«[128] Die Liebe ist bei Spaemann implizit ein Doppeltes: einerseits logisch gefaßt als transzendentales Prinzip des Wollens, zugleich jedoch subjektives Gefühl, dessen Ursprung »im Unvordenklichen« liege, etwa im Urgrund der Seele. Die Anerkennung aller Menschen als Personen sei ein »unwillkürlicher Willensakt«, d. h. Menschen wollen sich wechselseitig als Personen anerkennen, weil sie gar nicht anders wollen können, da die Liebe als

---

126 A. a. O., S. 234.
127 A. a. O., S. 228.
128 A. a. O., S. 229.

»spontane Bejahung« aller Personen hinter all ihrem Wollen stehe. Zugleich soll die »wirkliche Anerkennung« der Personen laut Spaemann darin bestehen, deren »*Unabhängigkeit dadurch zu sichern, daß das Anerkanntwerden dem Belieben des Anerkennenden entzogen, also erzwingbar wird.*«[129] Und zwar durch einen Staat, der über sein Gewaltmonopol die Anerkennung von Personen gegen Personen erzwingen kann.[130] Mit diesem Widerspruch, daß es eine Pflicht, also eine Nötigung, zu einer Neigung, einem subjektiven Gefühl, geben solle, zeigt sich, daß die Liebe als Prinzip des Willens wie der Moral untauglich ist. Zum einen ist Liebe eine unmittelbar mit der Vorstellung der Existenz eines Gegenstandes verbundene Lust, kann also niemals a priori sein, sondern ist an die Erfahrung des geliebten Objektes gebunden. Zum anderen ist Liebe, wie Spaemann selbst sagt, dem Wollen entzogen. Eine Nötigung zu etwas, worauf das genötigte Subjekt selbst keinen Einfluß nehmen kann, ist jedoch unmöglich. »Liebe *ist eine Sache der* Empfindung, *nicht des Wollens, und ich kann nicht lieben, weil ich* will, *noch weniger aber weil ich* soll *(zur Liebe genöthigt werden); mithin ist eine* Pflicht zu lieben *ein Unding.*«[131]

Laut Spaemann ist nicht Vernunft, sondern Liebe das Prinzip der Moral, das die Menschen zu Personen und damit zu moralischen Wesen mache und sie über den biologischen Gattungsstatus hinaus zu einer Gemeinschaft von Personen transzendiere, die sich wechselseitig in ihrer Würde anerkennen. Sittliches Handeln könnte nach dieser Bestimmung nur ein Handeln aus Neigung, niemals aus Pflicht sein, auch wenn Spaemann im weiteren von einer Pflicht von Personen gegenüber Personen spricht. Gründend auf einem irrationalen Gefühl »vor aller Vernunft«, das axiomatisch als allgemein gesetzt ist, wäre auch die Richtung des Willens irrational. Wenn Liebe der Grund der Anerkennung aller Menschen als Personen und damit das Prinzip der Moral wäre, wie Spaemann ausführt, ließe sich richtiges und falsches Verhalten, Gut und Böse, nicht durch Vernunft unterscheiden. Die Differenz könnte bloß eine gefühlte sein, keine verstandene. Vernunft kann sich erklären, Liebe kann dies nicht. Wenn Liebe als Prinzip der Moral jenseits der Vernunft läge, so läge auch die Moral jenseits aller vernünftigen Begründung. Eine wissenschaftliche Moralphilosophie wäre so unmöglich. Implizit zieht Spaemann diesen Schluß, wenn er anführt, daß das Gute nicht definiert, sondern nur als Evidenzerlebnis gefaßt werden könne: «*Zwar weiß der, der das Gute will, warum er es will*

---

129 A. a. O., S. 202.
130 Vgl. a. a. O., S. 201 ff.
131 Immanuel Kant, Werke Bd. 6, *Die Metaphysik der Sitten*, Berlin 1968, S. 401.

– nämlich, weil es das Gute ist. Aber daß dies für ihn ein Grund ist, ist nicht noch einmal anderweitig zu begründen.«[132] Es lasse sich kein Grund angeben, das Gute zu wollen, als dieses selbst, doch im Widerspruch hierzu habe Sittlichkeit nach Spaemann zugleich ihr Motiv ausschließlich in einem religiösen Glauben an Gott. Selbst wenn Sittlichkeit ihrem Inhalt nach ohne Gott zu bestimmen wäre, so sein Argument, gäbe es keinen Grund, nach ihr zu handeln, wenn die Verantwortung des Einzelnen vor Gott wegfiele. »*Auch keine Werteinsicht kann Personen nötigen, sich ihr unterzuordnen.*«[133]

Wenn sittliches Handeln einen zum Menschen heteronomen Grund hat, sei es in Gott oder sei es im Staat, dann ist es nicht Handeln aus Freiheit. Analog zum von Spaemann geforderten Staat, der das Anerkennen der Personen durchsetzen soll, ist auch mit Gott eine Gewalt gesetzt, welcher der Mensch sich im sittlichen Handeln unterordnet: »*[S]ittliches Handeln ist der Versuch, uns aus der Perspektive des Schöpfers zu sehen und uns zu fragen, wovon er wollen müßte, daß wir es wollen.*«[134] Oder analog, uns aus der Perspektive des Staates zu sehen, die wir leichter einnehmen können, da die Gesetzestexte öffentlich zugänglich sind. Die Freiheit des Willens zeigte sich nach diesen Bestimmungen nur in der Verletzung der sittlichen Pflicht, nicht in ihrer Erfüllung, die in der erzwungenen Befolgung heteronomer Gesetze bestünde.

Individualität

»*Alle Pflichten gegen Personen lassen sich zurückführen auf die Pflicht, Personen als Personen wahrzunehmen.*«[135] Dies ist Spaemann zufolge die Pflicht, jeden Menschen als meinesgleichen anzuerkennen. Damit ist weder die Zugehörigkeit zur biologischen Art gemeint noch die Ähnlichkeit des Anderen mit mir aufgrund eines Analogieschlusses, was bedeuten würde, zuerst sich selber als Person zu begreifen und erst in Folge anderen Menschen denselben Status einzuräumen. Sondern indem jeder andere Mensch von mir als meinesgleichen erkannt werde, sei er gleich mir »einmalig und in seiner Würde inkommensurabel«, ohne mir sonst ähnlich sein zu müssen. »*Diese Gleichheit ist wesentlich nichts Empirisches. Alles, was wir empi-*

---

132 Spaemann, a. a. O., S. 215.
133 A. a. O., S. 105.
134 A. a. O., S. 107.
135 A. a. O., S. 194.

risch feststellen können, ist vielmehr ungleich«.[136] Die Anerkennung von Personen erkenne den anderen als meinesgleichen und als qualitativ von mir verschieden an: Sie anerkenne jeden Menschen als Individuum. Nur in diesem Akt erschließe sich die eigene Individualität.

Das Individuum habe sich selber nur als endliches. Als Organismen sind Menschen endlich, und diese Endlichkeit sei, so Spaemann, eine Voraussetzung der Personalität, da das Subjekt sich nur als getrennt von anderem und somit nur als räumlich und zeitlich begrenztes »haben« könne. Nur in der Abgrenzung zu anderem, das es nicht selbst ist, kann sich ein Selbstbewußtsein konstituieren. Räumlich ist das Individuum durch seinen Körper begrenzt, zeitlich durch den Tod. Durch das Wissen um sich selbst als etwas Begrenztes, Endliches seien Personen nicht bloß am Leben, sondern sie »haben ihr Leben«. *»Die Antizipation des Todes macht es möglich, daß wir uns zu unserem Leben als zu einem Ganzen verhalten. Sie ermöglicht jenes* Haben *des Lebens, das das Sein der Person ist.«*[137] Das Wissen um den eigenen Tod ist laut Spaemann die Bedingung dafür, seinem Tun und damit seinem Leben Sinn und Ziel geben zu können, wodurch die Person als Individuum ihr Leben erst als ihr eigenes besitze. Dadurch seien Individuen »Totalitäten«. Indem Individuen sich als endliche begriffen, affirmierten sie ihre eigene Personalität, setzten diese als Sinn ihres Lebens und seien so selbst die allgemeine Personalität: *»Personen sind Individuen. Aber nicht so, daß sie »Fälle« eines Allgemeinen sind, sondern so, daß sie als die jeweiligen Individuen, die sie sind, auf unverwechselbare Weise das Allgemeine selbst sind. Sie sind nicht Teile einer übergreifenden Ganzheit, sondern selbst Totalitäten, im Verhältnis zu denen alles Teil ist.«*[138] Personalität ist eine Abstraktion, die nur in der lebenden Person eine Entsprechung hat. Doch wenn Spaemann Personen als Totalitäten bestimmt, meint er, daß es Personalität als Abstraktion gar nicht geben könne, da Individualität eine Einzigkeit ausdrücke, die kein Allgemeines außer sich selbst haben könne. *»Es gibt keine »Idee« der Person. Es gibt nur wirkliche Personen.«*[139] Ein Begriff der Person läßt sich so nicht mehr bilden, und die widersprüchlichen Bestimmungen von Personen als endlichen Totalitäten – im Plural –, die sich durch staatlich und göttlich garantierte Liebe wechselseitig in einem Beziehungsraum anerkennen, werden Makulatur.

---

136   A. a. O., S. 48.
137   A. a. O., S. 131.
138   A. a. O., S. 29.
139   A. a. O., S. 78.

Sich selbst als Endliches mit dem Tod als Grenze zu erkennen, setzt einen Begriff von Unendlichkeit voraus. Diese muß im Begriff der Totalität mitgedacht werden, wogegen Spaemann sich sträubt; er will den Widerspruch, den die Bestimmung der Personalität als »sich Haben als Endliches« enthält, zur Seite des Endlichen hin auflösen, womit das »Haben« nicht mehr erklärbar ist. Mit dem Begriff der »endlichen Totalitäten« hat er den Widerspruch zwischen endlichem Sinnenwesen und unendlicher Vernunft benannt, vernebelt ihn jedoch, anstatt ihn auszuführen.

Gemeinsamer Mangel der dargestellten Positionen

In der Stammzellendebatte stehen positivistische Positionen (wie die von Merkel vertretene), die für die verbrauchende Embryonenforschung argumentieren, und religiöse Positionen (wie die Spaemanns), welche sich gegen die Tötung früher Embryonen aussprechen, gegeneinander. Doch die Widersprüche, in die sich die eine wie die andere Argumentation verwickelt, haben denselben Ursprung: Sie vermeiden den Wesensbegriff.

Die klassische Unterscheidung von Akzidenz und Substanz (Wesen) stellt die Philosophie vor das Problem der Vermittlung zwischen beiden. Ein neuzeitlicher Versuch dieser Vermittlung besteht darin, die Akzidenzien als Erscheinungen des Wesens zu begreifen; wenn das Wesen nicht bloß behauptet sein soll, muß es erscheinen. Erscheinen kann es nur in den Akzidenzien. Diese in ihrer Totalität werden so Repräsentanten des Wesens: Inneres wird zu Äußerem und Äußeres zu Innerem erklärt, wodurch die Differenz von Wesen und Erscheinung sich auflöst. Dieses nominalistische Problem hat Hegel konsequent verfolgt.[140] In der *Lehre vom Wesen* heißt es: »*Die Substanz*[141] *als [...] Identität des Scheinens ist die Totalität des Ganzen und begreift die Akzidentalität in sich, und die Akzidentalität ist die ganze Substanz selbst.*«[142] Wenn das Wesen, das in den Akzidenzien erscheint, nur durch diese bestimmt werden kann, die es bestimmt, ist die Summe der Akzidenzien selbst das Wesen. Die Formbestimmung wird so zur Inhaltsbestimmung und die Differenz von Wesen

---

140 Vgl. Hegel, *Wissenschaft der Logik*, A. Das Verhältnis der Substantialität.
141 Substanz ist bestimmt als die Einheit von Wesen und Sein; was hier über die Substanz gesagt wird, gilt gleichermaßen für den Wesensbegriff überhaupt.
142 G. W. F. Hegel, Werke Bd. 6, *Wissenschaft der Logik 2,* Frankfurt am Main 1986, S. 220.

und Akzidenzien wird anerkannt und zugleich aufgelöst. Akzidentalität ist selbst eine Abstraktion, das Allgemeine aller Akzidenzien. Als Prinzip des Akzidenz ist sie selbst das Wesen. Diese Akzidentalität kann jedoch wiederum nur in ihrer Quantifizierung begriffen werden – als Summe der einzelnen Akzidenzien. »*Sie [die Akzidenzien] sind das seiende oder für sich seiende Etwas, existierende Dinge von mannigfaltigen Eigenschaften oder Ganze, die aus Teilen bestehen, selbständige Teile, Kräfte, die der Sollizitation durch einander bedürfen und einander zur Bedingung haben.*«[143] Hegel versucht, die Differenz von Wesen und Akzidenz aufrechtzuerhalten, denn »*[i]nsofern ein solches Akzidentelles über ein anderes eine Macht auszuüben scheint, ist es die Macht der Substanz, welche beide in sich begreift, als Negativität einen ungleichen Wert setzt*«.[144] Ohne eine solche Macht, die nicht aus den Akzidenzien selbst stammen kann, da diese einander gleich sind, würde die Bestimmung eines Gegenstandes vollständig hinter seiner empirischen Bestimmtheit verschwinden. Es braucht zur Erkenntnis also notwendig den Begriff eines Wesens, das »*Inneres der Akzidenzen*«[145] ist und diese als »*nur an der Substanz*«[146] bestimmbar macht. Doch diese notwendige Differenz löst sich bei Hegel beständig in Identität auf, denn es »*hat die Substanz nur die Akzidentalität zu ihrer Gestalt oder Gesetztsein, nicht sich selbst, ist nicht Substanz* als *Substanz.*«[147]

Bei Hegel werden Wesen und Akzidenz durch einander bestimmt, was problematisch bleiben muß. Wenn man sich jedoch infolge dieses Problems vom Wesensbegriff gänzlich verabschiedet, wie es bei den oben dargestellten Positionen in der Stammzellendebatte der Fall ist, bleibt nur ein Durcheinander der Akzidenzien: Die Akzidenzien »*haben keine Macht übereinander*«,[148] sie stehen aus sich selbst heraus in keiner Hierarchie, sondern bloß nebeneinander. Was einen Menschen ausmacht, geht aus keinem seiner Akzidenzien hervor – und auch nicht aus deren Summe. Ohne impliziten Wesensbegriff läßt sich nicht nur kein Begriff des Menschen bilden, auch jede Systematik der Biologie wäre unmöglich, wenn nicht »wesentliche Akzidenzien« von »akzidentellen Akzidenzien« getrennt würden, um anhand ausgewählter Merkmale Arten voneinander abzugrenzen. Auch jene, die explizit bestreiten, daß es ein We-

---

143 A. a. O., S. 221.
144 Ebd.
145 A .a. O. S. 222.
146 Ebd.
147 Ebd.
148 A. a. O., S. 221.

sen gäbe (weil sie es in keinem Akzidenz finden können), setzen dieses doch notwendig voraus, wenn sie die Akzidenzien nach einer Hierarchie ordnen[149] – denn diese kann nur im Wesen begründet sein. Wenn die Akzidenzien ohne expliziten Wesensbegriff geordnet werden sollen, muß dies in eine Begründungsnot führen, aus der jene Beliebigkeit folgt, die in den oben referierten Positionen aufgezeigt wurde.

Die positivistische Argumentation versucht erfolglos, ein Konglomerat aus Eigenschaften zusammenzufügen, unter welches genau die Gruppe Lebewesen paßt, deren Lebensrecht sie der Sache nach voraussetzt, dem Anspruch nach jedoch aus jenen Eigenschaften ableitet. Die einzelnen Vertreter dieser Position streiten sich untereinander darum, welche Eigenschaften es sind, die ein Lebensrecht zureichend begründen können, und ihre Gegner haben jeweils gute Argumente gegen jeden Positivkatalog, da er Lücken aufweisen muß. Spaemann geht zunächst ebenfalls von diesen Eigenschaften aus, bemerkt den Mangel und macht einen Bogen zur klassischen Artbestimmung (Mensch ist, was aus Menschen hervorgeht), um die Eigenschaften nicht an den Einzelnen, sondern an die Spezies binden zu können. Doch auch er vermeidet den Wesensbegriff und begründet die Würde des Menschen schließlich mit der liebenden, gottgegebenen Seele, einem Glaubenssatz, der auf die dargelegten Widersprüche führt.

Voraussetzung für Spaemanns anfänglichen Personenbegriff, der Menschen unabhängig von ihren wirklichen Fähigkeiten und Eigenschaften a priori als Personen faßt, ist die untrennbare Bindung des Vermögens zum Selbstbewußtsein an das Material, den menschlichen Körper. »*Wo Bewußtsein und Materie unabhängig voneinander definiert und einander als zwei inkommensurable Sphären gegenübergestellt werden, da trennen sich die Identitätskriterien für Menschen und Personen.*«[150]

Diese Feststellung bleibt richtig, auch wenn Spaemanns Begründungsversuche für diese Bindung scheitern. Im Folgenden ist zu zeigen, ob sich eine solche Bindung überhaupt begründen läßt.

---

149 Nicht nur in der Taxonomie, sondern auch wenn einzelne Eigenschaften den Personenstatus oder Rechte begründen sollen, werden die Akzidenzien hierarchisch geordnet.
150 Spaemann, a. a. O., S. 147.

Die Menschheitswürde

Der Mensch hat eine Würde. Diese These ist die Grundlage der deutschen Stammzellendebatte, die von allen Vertretern widerstreitender Positionen geteilt wird. Worin jedoch die Würde eines Menschen bestehe, warum und ab wann der Mensch Würde habe, konnten die im vorigen dargestellten Positionen nicht zureichend klären. Mit einem vagen, unbestimmten und intuitiven Begriff von Menschenwürde bleiben die Positionen in der Stammzellendebatte ebenfalls vage, unbestimmt und intuitiv. Ebenso unbestimmt bleibt daher, warum es ein Recht auf Leben gebe und wem es zukomme, da dieses Recht als aus der Menschenwürde entspringend angenommen wird. Bislang konnte nur gezeigt werden, daß die Würde nicht durch eine empirisch vorfindliche Eigenschaft bedingt sein könne. Die Würde des Menschen ist unbedingt. Es gibt keinen der Menschenwürde kongruierenden Gegenstand in der Erfahrung; Würde ist keine organische Eigenschaft eines Menschen. Aber der Würde muß etwas korrespondieren, sonst wäre sie ein leerer Begriff ohne Entsprechung in der Wirklichkeit, ein bloßes Hirngespinst, das als ens rationis nicht bestimmend für empirische Subjekte werden könnte. Wenn Würde keine Natureigenschaft eines Organismus ist, muß sie in der Freiheit des Menschen gründen: in demjenigen, das nicht Natur und somit nicht sinnlich ist. Begriffe, die wie der Begriff der Würde der Sinnlichkeit entzogen sind, indem sie über die Sinnlichkeit hinausgehen, sind Vernunftbegriffe.

Reine Vernunftbegriffe

Immanuel Kant[151] unterscheidet drei Arten von Begriffen: empirische Begriffe,[152] reine Verstandesbegriffe (Kategorien) und Vernunftbegriffe. Die empirischen Begriffe fassen Gegenstände der Anschauung aufgrund gewisser

---

[151] Die folgende Argumentation bezieht sich weitgehend auf die Schriften Immanuel Kants, ohne dabei zu beanspruchen, eine Darstellung des Kantischen Systems zu sein. Probleme und Widersprüche, die sich in Kants Texten finden, werden hier weitgehend unberücksichtigt gelassen und vorrangig die Intention der Texte hervorgehoben.
[152] Vgl. Immanuel Kant, *Kritik der reinen Vernunft*, Frankfurt am Main 1997, B 63 f.

Merkmale zu einer Sorte von Gegenständen zusammen. Als empirischer Begriff ist Mensch ein biologischer Artbegriff. Hieraus folgt keine Würde und somit kein Recht auf Leben; mit dem empirischen Begriff läßt sich nicht begründen, warum Menschen – gleich welchen Alters – nicht getötet werden sollen.

Die reinen Verstandesbegriffe, Kategorien, die synthetische Funktion haben, indem sie logische Subjekte und Prädikate in Urteilen verknüpfen, sind Voraussetzung jeder Erfahrung. Ein Urteil »S ist nicht P« setzt z. B. die Kategorie der Negation als Bedingung seiner Möglichkeit voraus, und ohne ein solches Urteil der Unterscheidung ist die Erfahrung einzelner unterschiedener Gegenstände nicht möglich. Der Verstand ist das Vermögen der Regeln, indem die Kategorien auf empirische Erscheinungen angewendet werden. Durch die Anwendung dieser Regeln auf Gegenstände der Anschauung werden letztere zueinander ins Verhältnis gesetzt. Erst dadurch wird Anschauung Erkenntnis. So erweist Kant in der *Kritik der reinen Vernunft* die Kategorien als für die Gegenstände der Erfahrung notwendige Begriffe a priori. Der Begriff der Kategorien wird durch keine Erfahrung gegeben, aber ohne sie ist uns keine Erkenntnis der Gegenstände der Erfahrung möglich; die Kategorien erweisen sich so in der Erfahrung als ein Vermögen des Verstandes vor aller Erfahrung.

Diese Unterteilung in empirische Begriffe, die nur a posteriori gebildet werden können, und reine Verstandesbegriffe a priori, die der Erkenntnis vorgeordnet sind, aber nicht unabhängig von ihr gewonnen werden können, folgt bei Kant aus der Einteilung des Gemütes in Sinnlichkeit, Verstand, Einbildungskraft und Vernunft. Das sinnlich gegebene Material wird vom Verstand synthetisiert zur Erfahrung[153] von Gegenständen. So ermöglicht der Verstand die Einheit der Erfahrung. Die Verstandeserkenntnis besteht im Aufstellen von Urteilen, indem die Gegenstände der Erfahrung zueinander ins Verhältnis gesetzt werden. Diese Erkenntnis ist durch ihre Gegenstände in deren kategorialer Konstruktion bedingt. Die Vernunft hingegen ist das Vermögen der Prinzipien, der synthetischen Erkenntnisse aus Begriffen. Sie bezieht sich in ihrem logischen Gebrauch auf die Verstandeserkenntnis, die sie unter eine Einheit bringt. Die Vernunft hat so keine unmittelbare Beziehung zu Gegen-

---

153 Erfahrung hat bei Kant eine doppelte Bedeutung: die begrenzte, sinnliche Erfahrung (»Dieser Stein fällt zu Boden.«) und die wissenschaftliche Erfahrung, welche eine Loslösung von der Sinnlichkeit bedeutet (»Alle schweren Körper fallen zu Boden.«). Die letztere ist hier immer eingeschlossen.

ständen der Erfahrung, sondern bezieht sich auf Begriffe und Urteile des Verstandes. Sie ist das Vermögen zu Schlüssen durch das Verknüpfen der Urteile zu weiteren Urteilen, zu einem System der Bedingungen, indem sie die Bedingungen der Urteile unter Prinzipien faßt; d. h. die Vernunft faßt die Kette der Bedingungen unter ein Unbedingtes. In diesem logischen Gebrauch ist die Vernunft »*ein bloß subalternes Vermögen, gegebenen Erkenntnissen eine gewisse Form zu geben*«,[154] das die Verstandeserkenntnisse nach Prinzipien ordnet.

Indem die Vernunft sich im logischen Gebrauch nicht auf Verstandeserkenntnis, sondern auf sich selbst bezieht, wird ihr logischer zum reinen Gebrauch. »*Die aus diesem obersten Prinzip der reinen Vernunft [zum Bedingten das Unbedingte zu finden] entspringende Grundsätze werden aber in Ansehung aller Erscheinungen transzendent sein, d. i. es wird kein ihm adäquater empirischer Gebrauch von demselben jemals gemacht werden können.*«[155] In der Reflexion auf sich schafft die Vernunft aus sich heraus Begriffe, zu denen es kein Exemplar gibt und die jenseits aller Erfahrung liegen. Dies ist die dritte Art von Begriffen, die Kant unterscheidet: die (reinen) Vernunftbegriffe oder transzendentalen Ideen. Diese Begriffe werden nach dem Prinzip gebildet, zum Bedingten das Unbedingte zu finden, das die Vernunft im reinen Gebrauch auf sich selbst anwendet. Durch die Vernunftbegriffe können gegebene Erscheinungen unter der Vollständigkeit ihrer Bedingungen gedacht werden; sie seien nach Kant nicht konstitutiv für die Erfahrung wie die reinen Verstandesbegriffe, sondern bloß regulativ: »*[D]ie transzendentalen Ideen sind niemals von konstitutivem Gebrauche, so, daß dadurch Begriffe gewisser Gegenstände gegeben würden*«, doch sie haben »*einen vortrefflichen und unentbehrlichnotwendigen*[156] *regulativen Gebrauch, nämlich den Verstand zu einem gewissen Ziele zu richten, in Aussicht auf welches die Richtungslinien aller seiner Regeln in einen Punkt zusammenlaufen, der, ob er zwar nur eine Idee (focus imaginarius), d. i. ein Punkt ist, aus welchem die Verstandesbegriffe wirklich nicht ausgehen, indem er ganz außerhalb den Grenzen möglicher Erfahrung liegt, dennoch dazu dient, ihnen die größte Einheit neben der größten Ausbreitung zu verschaffen.*«[157] Ein solcher focus imaginarius kann sich jedoch nachträglich als konstitutiv für die wissenschaft-

---

154 A. a. O., B 362.
155 A. a. O., B 365.
156 Schreibweise wie im Original.
157 A. a. O., B 672.

liche Erkenntnis erweisen, indem ein zunächst hypothetisches Prinzip die Erforschung neuer Gegenstandsbereiche erst ermöglicht. »*Als subjektiv erzeugte Projektionen sind sie [die Vernunftbegriffe] frei, sie gewinnen Objektivität erst in dem Maße, wie sich objektiviertes empirisches Material mit ihnen organisieren läßt. [...] Begriffe wie Element und Atom sind keine Beschreibungen von Sachverhalten, sondern Reflexionsformen der Subjektivität.*«[158] Welche Vernunftbegriffe regulativ sind, und welche konstitutiv werden, läßt sich jedoch nicht vor aller Erfahrung, sondern nur vom Resultat her zeigen. Der Schluß der reinen Vernunft vom Bedingten auf das Unbedingte ist ein synthetischer, denn analytisch läßt sich von jedem Bedingten (einem Empirischen) nur auf dessen Bedingungen, die ihrerseits bedingt sind, schließen. Der Begriff des Unbedingten wird also durch ein synthetisches Urteil der Vernunft a priori gebildet, das zu jeder empirischen Erfahrung transzendent ist.

Das Vernunftvermögen fordert die Vollständigkeit der Bedingungen eines Bedingten als Totalität der Bedingungen, die nur eine unbedingte sein kann; wäre sie eine bedingte, folgte ein unendlicher, indefiniter Regreß von Bedingungen,[159] der – weil unausführbar – es verunmöglichte, ein Urteil als wahr zu erkennen. In einem logischen Schluß sind Obersatz und Untersatz die Bedingungen, die Conclusio ist das Bedingte. Wenn die Conclusio wahr sein soll, müssen die Bedingungen richtig sein, denn ein formal korrekter Schluß allein erzeugt kein wahres Resultat. Die Bedingungen sind wiederum Conclusionen anderer Schlüsse, so daß das Schlußverfahren selbst, wenn es ein endliches sein soll, in der Reflexivität der Vernunft mündet. Denn das Vermögen, welches die Bedingungen selbst überprüft, ist die Vernunft: Sie fragt nach der Bedingung der Bedingung, die wiederum eine Bedingung hat u. s. f. Die gesamte Kette der Bedingungen entzieht sich empirischer Erkenntnis; die Vernunft faßt diese Kette als Ganzes, als Prinzip der Bedingungen, und geht

---

158 Peter Bulthaup, *Zur gesellschaftlichen Funktion der Naturwissenschaften*, Lüneburg 1996, S. 74.
159 Daß das Unbedingte nicht aus dem Bedingten folgen kann, sondern eine eigene Produktivität der Vernunft erfordert, läßt sich am Beispiel des Begriffes der Unendlichkeit zeigen: Der gedankliche Schritt vom Endlichen unserer Erfahrung zur Unendlichkeit bedeutet mehr, als die Summe des Endlichen zu denken. Denn jede Summe, sei sie noch so groß, umfaßt eine endliche Menge, da sie aus endlichen Teilen besteht. Für den Begriff des Unendlichen muß der Prozeß des fortwährenden Summierens als vollständiger, vollendeter Prozeß gedacht werden. Dieser Schluß von einem Bedingten auf das Unbedingte, das jede mögliche Erfahrung übersteigt, ist eine Leistung der Vernunft. Darum heißen solche Begriffe Vernunftbegriffe, zu denen auch die Begriffe Menschheit und Menschenwürde gehören.

so über die einzelnen Schritte und damit über alles Bedingte hinaus. Die Synthesis durch den Verstand muß von der Vernunft als bis zur Vollständigkeit fortgesetzte gedacht werden. Diese vollständige Synthesis, die nicht durchlaufen werden kann, aber gedacht werden muß, ist der Schritt von der Erfahrung eines Bedingten zur Idee des Unbedingten. »*Dieses Unbedingte ist nun jederzeit in der absoluten Totalität der Reihe, wenn man sie sich in der Einbildung vorstellt, enthalten.*«[160] Damit ist der Vernunft der Begriff der Totalität gegeben. Die wissenschaftliche Erkenntnis empirischer Sachverhalte ist auf Totalitätsbegriffe angewiesen, denn nur unter der Idee der Vollständigkeit der Bedingungen, die ein Unbedingtes ist, kann die einzelne Bedingung als durch diese Totalität bedingte überhaupt konsistent gedacht werden. Ohne Totalitätsbegriff der Bedingungen, d. h. mit der bloßen Verstandesfunktion, käme das Denken in einen progressus in indefinitum; keine Bedingung könnte als vollständig unter Bedingungen stehend gedacht werden und bliebe so selbst unbestimmt.[161] Aus einer unbestimmten Bedingung kann keine wahre Erkenntnis folgen. Indem Kant die Vernunft als das Vermögen bestimmt, die Idee der Totalität der Bedingungen auf das Bedingte zu beziehen und so wahre Erkenntnisse erst möglich zu machen, stellt er die Ideen auf rationalen Boden.[162]

Die Vernunft setzt ein Bedingungsverhältnis in Relation zum Unbedingten, zur reinen Idee. »*So viel Arten des Verhältnisses es nun gibt, die der Verstand vermittelst der Kategorien sich vorstellt, so vielerlei reine Vernunftbegriffe wird es auch geben*«.[163] Da Kant drei Verstandesfunktionen der Relation – Substanz und Akzidenz, Kausalität und Dependenz sowie die Kategorie der Gemeinschaft – und demnach drei logische Funktionen der Relation in Urteilen – kategorische, hypothetische und disjunktive – kennt, lassen sich auch drei reine Vernunftbegriffe bilden:

1. Das Unbedingte der kategorischen Synthesis in einem Subjekt ist die transzendentale Idee der Einheit des Selbstbewußtseins. Im kategorischen

---

160 Kant, *Kritik der reinen Vernunft*, a. a. O., B 444.
161 Daß die Totalität der Bedingungen durch die Vernunft gedacht werden muß, jedoch nicht vom Verstand erkannt werden kann, führt zu notwendigen Widersprüchen, den Antinomien, auf die im Rahmen dieser Arbeit jedoch nicht weiter eingegangen werden kann.
162 Anders als der Ideenbegriff Platos, bei dem die Ideen einen heteronomen Ursprung haben (Ideenhimmel) und folglich in der Vermittlung zwischen Ideen und erkennendem Subjekt stets eine Kluft bleibt, die durch die Teilhabe der Seelen am Ideenhimmel (Methexis) und die Entäußerung der Ideen in die Welt (Parusie) überbrückt werden soll, aber nicht überbrückt werden kann.
163 A. a. O., B 379.

Urteil wird von einer Substanz ein Akzidenz ausgesagt: »S ist P«. Die Reflexion der Vernunft auf die Voraussetzung für dieses Urteil geht auf ein Subjekt überhaupt, von dem alle Prädikate ausgesagt werden und welches selbst nicht mehr Prädikat eines Urteils ist. Dies ist dasjenige Subjekt, in welches die Erkenntnis der Substanzen fällt. Kant nennt diese Vernunftidee die Seele. Sie ist als die absolute Einheit des denkenden Subjekts bestimmt und als solche unbedingt.

2. Das Unbedingte der hypothetischen Synthesis der Glieder einer Kausalreihe ist die transzendentale Idee der Freiheit als die »*Voraussetzung, die nichts weiter voraussetzt*«.[164] Wenn etwas Wirkung ist, dann hat es eine Ursache. In einer Kausalkette ist jede Ursache selbst wiederum Wirkung einer anderen Ursache. Die Vorstellung einer vollständigen Kausalkette, die jedes einzelne Ursache-Wirkungsverhältnis impliziert, muß die Ursache der Kausalketten selbst enthalten. Diese Ursache kann nur eine sein, die selbst aus keiner weiteren Ursache folgt, also keine Wirkung ist: die Kausalität aus Freiheit.

3. Das Unbedingte der disjunktiven Synthesis der Teile in einem System ist die transzendentale Idee des vollendeten Systems als die »*Einheit der mannigfaltigen Erkenntnisse unter einer Idee. [...] Diese ist der Vernunftbegriff von der Form eines Ganzen, so fern durch denselben der Umfang des Mannigfaltigen so wohl, als die Stelle der Teile untereinander, a priori bestimmt wird.*«[165] Disjunktive Urteile sind Einteilungen nach Gegenstandsbereichen, z. B. ein Organismus ist entweder Tier oder Pflanze. Unbedingte Voraussetzung hierfür ist ein »*Aggregat der Glieder der Einteilung, zu welchen nichts weiter erforderlich ist, um die Einteilung eines Begriffs zu vollenden.*«[166] In diesem Aggregat sind alle disjunktiven Verhältnisse zu denken, es selbst kann nicht Gegenstand eines weiteren disjunktiven Urteils sein, da es das absolute System aller Gegenstände der Erkenntnis ist (Gott).

Der freie Wille

In ihren Handlungen sind Menschen unbedingte Ursachen von Kausalketten nach Naturgesetzen, dadurch daß sie ihren Willen frei bestimmen können.

---

164 Ebd.
165 A. a. O., B 860.
166 A. a. O., B 380.

Jedes vernünftige Wesen hat notwendig einen freien Willen, da die Vernunft sich selbst als Urheberin ihrer Prinzipien erkennt und damit den Willen, der das Handeln nach Prinzipien ist, als eigenen Willen. Sind die Handlungen eines Wesens nicht durch Maximen des eigenen Willens, sondern durch äußere Ursachen bestimmt, kann das Wesen in seinen Handlungen nicht seiner eigenen Vernunft folgen und ist also kein vernünftiges Wesen. Ein Wesen ohne Vernunft ist zu gar keiner Handlung im strengen Sinne fähig, sondern verhält sich bloß nach heteronomen Gesetzen, ist also unfrei. Die Fähigkeit, den Willen nach Maximen zu bestimmen, ist der Charakter eines Menschen als vernünftiges Sinneswesen. Daß der Mensch aus Freiheit handelt und sich nicht aus Naturnotwendigkeit verhält,[167] sieht man den Handlungen selbst als Erscheinungen nicht an, denn als Handlungen in der Welt unterliegen sie den Gesetzmäßigkeiten der Natur.

Der Charakter des Menschen in seinen Handlungen ist so ein zweifacher: Auf der Seite der Erscheinungen der empirische Charakter, durch den die Handlungen als Erscheinungen mit anderen Erscheinungen nach Naturgesetzen im Zusammenhang stehen. Als Zugrundeliegendes dieses empirischen Charakters wird der intelligible Charakter (als freier Wille) gedacht.[168] Als transzendentale Ursache der Handlungen als Erscheinungen steht er unter keiner Bedingung der Sinnlichkeit und ist, aus der Vernunft entspringend, wie diese zeitlos. Die Handlungen folgen zwar zeitlich auf Ereignisse der Natur, aber sie erfolgen nicht kausal aus ihnen; die Ursache der Handlungen muß wie die Ursache der Erscheinungen jenseits von diesen liegen. Was das Ding an sich als unbekannte Ursache der Erscheinungen ist, ist der intelligible Charakter für die Handlungen der Menschen. Diese Ursache muß als freie gedacht

---

167 Zwar ist der Mensch als Sinnenwesen der Notwendigkeit des Stoffwechsels mit der Natur unterworfen, doch ist die Weise, in der er sich zu diesem Stoffwechsel stellt, nicht instinktgeleitet, sondern immer schon gesellschaftlich durchformt. Die Weise, in der Menschen sich ernähren, fortpflanzen, vor Witterung schützen etc. folgt keinem festgefügten Trieb, sondern der veränderlichen Produktivkraft. »*Hunger ist Hunger, aber Hunger, der sich durch gekochtes, mit Gabeln und Messer gegeßnes Fleisch befriedigt, ist ein andrer Hunger als der rohes Fleisch mit Hilfe von Hand, Nagel und Zahn verschlingt. Nicht nur der Gegenstand der Konsumtion, sondern auch die Weise der Konsumtion wird daher durch die Produktion produziert, nicht nur objektiv, sondern auch subjektiv.*« (Karl Marx, *Grundrisse der Kritik der politischen Ökonomie*, Berlin 1974, S.13.)
168 In dieser Unterscheidung von empirischem und intelligiblem Charakter liegt die Differenz von pflichtgemäßem Handeln (der Erscheinung nach) und Handeln aus Pflicht (dem zugrundeliegenden moralischen Willen nach) begründet.

werden, als »*das Vermögen, einen Zustand* von selbst *anzufangen, deren Kausalität also nicht nach dem Naturgesetze wiederum unter einer anderen Ursache steht, welche sie der Zeit nach bestimmte.*«[169] Durch diesen intelligiblen Charakter ist der Mensch frei zu handeln, während seine Handlungen als Gegenstände der Erfahrung durch Naturgesetze bestimmt sind.

Das moralische Gesetz

Der Wille ist als freier keinem äußeren Gesetz der Natur unterworfen. Dennoch ist er nicht jenseits aller Gesetze, denn ohne Gesetz könnte er sich nicht bestimmen und wäre kein Wille. Er ist frei, indem er sich selbst das Gesetz gibt, das den reinen Willen bestimmt. Dieses Gesetz muß, da es kein Naturgesetz sein kann, der Vernunft selbst entspringen. Als allgemeines Prinzip, die Maximen des Handelns bestimmend, ist dies das moralische Gesetz.

Der Wille wird nicht durch empirische Bestimmungsgründe determiniert; mit dieser negativen Bestimmung ist der Wille nicht moralisch bestimmt, er kann aus Freiheit auch willkürlich bestimmt werden. Darum unterscheidet Kant zwei Formen der Freiheit, durch die Menschen ihren Willen bestimmen können: Freiheit der Willkür und wahre Freiheit des vernünftig bestimmten Willens. Die erstere bestimmt den Willen nach Belieben, die letztere durch allgemeine Prinzipien der Vernunft. Wenn Menschen nach der Freiheit der Willkür handeln, ohne allgemeines Gesetz der Vernunft ihren individuellen Interessen folgend, können diese Interessen kollidieren. Wenn dort, wo sich ihre Interessen nicht überschneiden, Freizügigkeit gelten soll, hat eines jeden Freiheit ihre Schranke an den Interessen der anderen. Eine solche Schranke unterstellt ein äußerliches Verhältnis der Freiheit zu ihrer Beschränkung. Um die genaue Positionierung dieser Schranke wird in der Stammzellendebatte gestritten; daß die Freiheit der Willkür eine heteronome Beschränkung von außen brauche, ist den verschiedenen Positionen dabei jedoch gemeinsam. Das Setzen dieser Schranke sei nach Merkel wie nach Spaemann ein Gebot der Moral. Im Unterschied hierzu bestimmt Kant jeden Zustand einer heteronomen Beschränkung der Freiheit als nicht sittlich, da ein Zustand beschränkter Freiheit stets ein unfreier ist. Die vernünftige Freiheit ist dagegen kein durch andere eingegrenztes Reservat, das dem Einzelnen zugewiesen wird und in

---

[169] A. a. O., B 561.

dessen Grenzen er dann »frei« sein darf. Das moralische Gesetz besteht nicht im Aufstellen solcher Schranken, sondern im Handeln nach Gesetzen der eigenen Vernunft. Diese können nicht heteronom sein, sondern nur autonom, durch die Vernunft selbst gesetzt.[170] Nur die Beschränkung der Handlungen durch das Gesetz der eigenen Vernunft ist keine Einschränkung der Freiheit, sondern ihre wahre Verwirklichung, da die Freiheit gerade darin besteht, sich selbst ein Gesetz geben zu können.[171] So ist der andere Mensch nicht äußere Schranke des Handelns, sondern qua seines vernünftig bestimmbaren, freien Willens ein Wesen, das sich demselben Gesetz unterstellen kann. Zwei (oder mehr) vernünftig bestimmte Willen stehen sich nicht als Schranken gegenüber, stehen nicht gegeneinander, da es nur eine Vernunft gibt und damit eine Menschheit. Moral ist so ein Prinzip der Vernunft, das von jedem einzelnen freien Willen geteilt werden kann, und kein Verteilungsschlüssel, der jedem seinen Teil an Freiheit zuspräche.

Freiheit der Willkür richtet den Willen nach Belieben auf ein Objekt. Alles Wollen braucht einen Gegenstand, auf den es sich richtet, etwas, das gewollt wird. Wenn dieser Gegenstand ein sinnlicher ist, ist das Wollen von der Existenz dieses empirischen Gegenstandes abhängig. Jeder denkbare Zweck kann nach freier Willkür gesetzt und verfolgt, mithin jedes Objekt begehrt werden. Die Maximen, nach denen der Wille sich so bestimmt, sind folglich abhängig von den Objekten, die als ihr Bestimmungsgrund gesetzt werden. »*Wenn daher die Materie des Wollens, welche nichts anders, als das Objekt einer Begierde sein kann, die mit dem Gesetz verbunden wird, in das praktische Gesetz* als Bedingung der Möglichkeit desselben *hineinkommt, so wird daraus Heteronomie der Willkür, nämlich Abhängigkeit vom Naturgesetze, irgend einem Antriebe oder Neigung zu folgen, und der Wille gibt [...] nur die Vor-*

---

[170] »Was Du nicht willst, das man Dir tu, das füg' auch keinem andern zu« ist keine Popularversion des kategorischen Imperativs, sondern falsch, da so die eigene Freiheit der Willkür am Anderen ihre Schranke hat. Empathie soll hier an die Stelle der Reflexion treten.

[171] Dies ist nicht Hegels Bestimmung der Freiheit als Einsicht in die Notwendigkeit; sondern mit der vernünftigen Bestimmung des eigenen Willens muß die vernünftige Bestimmtheit eines anderen Willens gesetzt sein. »*Das endliche Vernunftwesen kann eine freie Wirksamkeit in der Sinnenwelt sich selbst nicht zuschreiben, ohne sie auch anderen zuzuschreiben, mithin, auch andere endliche Vernunftwesen außer sich anzunehmen*« (Johann Gottlieb Fichte, *Grundlage des Naturrechts*, Hamburg 1991, S. 30 (29), §3). Vgl. auch Unterkapitel *Endliche Vernunftwesen haben einander als intelligible zur Voraussetzung*.

[172] Immanuel Kant, *Kritik der praktischen Vernunft*, Frankfurt an Main 1997, A 59.

schrift zur vernünftigen Befolgung pathologischer Gesetze«.[172] Laut Spaemann besteht »personale Freiheit« darin, den »Anspruch auf Autonomie aufgegeben zu haben«, wobei er unter Autonomie das Handeln nach eigener Willkür – also Heteronomie der Willkür – versteht.[173] Bei Kant ist es umgekehrt, und der Begriff der Autonomie ist anders bestimmt: Die wahre Freiheit besteht gerade in der Autonomie als der Selbstgesetzgebung des freien Willens.

Wenn die Vernunft sich aus Freiheit selbst ein Gesetz gibt, das nicht durch heteronome Objekte bestimmt ist, sondern allein in der Vernunft gründet, muß der Gegenstand des autonomen Willens außerhalb der Erfahrung liegen. *»Denn das Gesetz des reinen Willens, der frei ist, setzt diesen in eine ganz andere Sphäre, als die empirische, und die Notwendigkeit, die es ausdrückt, da sie keine Naturnotwendigkeit sein soll, kann also bloß in formalen Bedingungen der Möglichkeit eines Gesetzes überhaupt bestehen.«*[174] Dies ist die bloße Form des Gesetzes a priori, die den Willen unabhängig von empirischen Bedingungen, also als reinen Willen, bestimmt. In dieser Bestimmung des Willens durch eine objektive oberste Maxime a priori wird die reine Vernunft praktisch. Dieses oberste Gesetz der reinen praktischen Vernunft formuliert Kant: *»Handle so, daß die Maxime deines Willens jederzeit zugleich als Prinzip einer allgemeinen Gesetzgebung gelten könne.«*[175] Dieses praktische Gesetz der reinen Vernunft ist das moralische Gesetz oder Sittengesetz, das objektiv und allgemein für alle vernünftigen Wesen Geltung hat. Dieses Gesetz läßt sich nicht aus der endlichen und bedingten Erfahrung ableiten, sondern *»weil moralische Gesetze für jedes vernünftige Wesen überhaupt gelten sollen,«* müssen sie *»aus dem allgemeinen Begriffe eines vernünftigen Wesens überhaupt abzuleiten«*[176] sein. Nur aus einem solchen allgemeinen Gesetz läßt sich eine allgemein bindende Moralphilosophie entwickeln. Eine Moral, die sich dagegen aus der Erfahrung herleitete, wie u. a. Reinhard Merkel es darstellt, wäre stets willkürlich; sie könnte allenfalls als Hinweis dienen, was gesellschaftlich akzeptiert ist, nicht jedoch als Richtmaß dafür, was richtig ist und was falsch. *»Wer die Begriffe der Tugend aus Erfahrung schöpfen wollte, wer das, was nur allenfalls als Beispiel zur unvollkommenen Erläuterung dienen*

---

173 Vgl. Kapitel *Personenbegriffe in der Stammzellendebatte.*
174 A. a. O., A 60.
175 A. a. O., A 54.
176 Immanuel Kant, *Grundlegung zur Metaphysik der Sitten*, Frankfurt am Main 1997, BA 35.

kann, als *Muster zum Erkenntnisquell machen wollte (wie es wirklich viele getan haben), der würde aus der Tugend ein nach Zeit und Umständen wandelbares, zu keiner Regel brauchbares zweideutiges Unding machen.*«[177] Als solches in sich widersprüchliches Unding findet man das Moralisieren in der öffentlichen Stammzellendebatte, das als willfähriger Spielball konträre wie kontradiktorische Positionen begleitet. Entspringt das oberste Gesetz der Moral jedoch der reinen praktischen Vernunft, ist es über alle Zeiten und Kulturen hinweg allgemein. Aber als bloß formal-logisches – die Maximen des Handelns müssen widerspruchsfrei untereinander und allgemein gelten können – ist es inhaltsleer. Die reine praktische Vernunft braucht als reiner Wille notwendig einen Gegenstand, auf den sie sich richtet, der vom Bestimmungsgrund des Willens verschieden sein muß, zugleich jedoch nicht bloß empirisch zufällig sein darf. Sie hat ihn im Ideal der Menschheit.

Menschheitswürde und Ideal der Menschheit

Die Ideen sind Vernunftbegriffe; das Ideal ist »*die Idee, nicht bloß in concreto, sondern in individuo, d. i. als ein einzelnes, durch die Idee allein bestimmbares, oder gar bestimmtes Ding*«.[178] Mit dem Ideal konstruiert die Vernunft ein Maximum, etwas, das nicht zu übersteigen ist. Es ist so bestimmt als ein Einzelnes, unter das alle weiteren Bestimmungen fallen, das selbst jedoch durch nichts weiter bestimmt werden kann, da es vollkommen ist. Die Vorstellung der Totalität der Menschen als ein einzelnes, ganzes, durchgängig durch das Gesetz der Freiheit bestimmtes System ist das Ideal der Menschheit in moralischer Vollkommenheit.

»*Die Menschheit, in ihrer ganzen Vollkommenheit, enthält nicht allein die Erweiterung aller zu dieser Natur gehörigen wesentlichen Eigenschaften, welche unseren Begriff von derselben ausmachen, bis zur vollständigen Kongruenz mit ihren Zwecken, welches unsere Idee der vollkommenen Menschheit sein würde, sondern auch alles, was außer diesem Begriffe zu der durchgängigen Bestimmung der Idee gehöret; denn von allen entgegengesetzten Prädikaten kann sich doch nur ein einziges zu der Idee des vollkommensten Menschen schicken.*«[179] Die »Menschheit in ihrer ganzen Vollkommenheit« ist

---

177 Kant, *Kritik der reinen Vernunft*, a. a. O., B 371.
178 A. a. O., B 595.
179 A. a. O., B 596.

als Ideal nicht bloß Begriff, sondern die Vorstellung einer Idee in individuo, als »einzelnes Ding«, das durch die Idee bestimmt ist. Dieses muß als Vollkommenes durchgängig bestimmt sein, d. i. alle möglichen Prädikate müssen affirmativ oder negativ auf es bezogen sein. Die Idee der Vernunft von einem Maximum bleibt jedoch insofern unbestimmt, als sie die durchgängige Bestimmung des Ideals zwar gebietet, aber die Prädikate, welche die Bestimmtheit eines Gegenstandes ausmachen, nicht aus der Vernunft stammen können; denn die Bedingung ihrer Möglichkeit ist die sinnliche Erfahrung. Das Ideal ist ein übersinnlicher Gegenstand, der als durchgängig bestimmt gedacht werden muß, dessen durchgängige Bestimmtheit jedoch nicht vorgestellt und diskursiv erläutert werden kann, da es kein empirischer Gegenstand ist. Nur durch einen nichtsinnlichen Bezug auf die Sinnlichkeit ist es möglich, die nichtsinnliche Idee als einen durchgängig bestimmbaren Gegenstand, d. i. als Ideal, zu denken. Ohnedem bliebe das Ideal bloße Idee, die sich nicht in individuo vorstellen ließe. Dieser Bezug eines nichtsinnlichen Gegenstandes auf die Sinnlichkeit kann nicht aus der Vernunft selbst stammen, sondern entspringt dem Vermögen der Einbildungskraft.

Da Erfahrung stets endlich ist, ist das Ideal in seiner Vollkommenheit ihr entzogen. Es ist nur durch die Idee bestimmt, ist jedoch nicht bloß Begriff, sondern wird vorgestellt als Gegenstand. Das Ideal ist die Darstellung der Idee. Das Vermögen der Darstellung ist nicht die Vernunft, sondern die Einbildungskraft. Sie ist im weitesten Sinne die Fähigkeit, Vorstellungen ohne Gegenwart des Objekts zu haben. In der Vorstellung des Ideals der Menschheit bezieht sich die produktive Einbildungskraft allein auf die Idee der Vernunft, um ein »Urbild« der Menschheit unter Bedingungen der Freiheit und damit als sittlich vollkommen zu erzeugen. Dieses Urbild, als übersinnlicher Gegenstand, eine Vorstellung a priori, ist das Richtmaß aller wirklichen Verhältnisse der Menschen, die auf es bezogen gedacht werden müssen.

Das Ideal hat seiner Bestimmung nach keinen Mangel und keine empirische Entsprechung. Daß es trotzdem eine Wirkung auf die Realität hat, beweist sich daran, daß ein Mangel am Empirischen festgestellt werden kann, denn Mangel läßt sich nur in Relation zum Vollkommenen überhaupt erkennen. »*Diese Ideale, ob man ihnen gleich nicht objektive Realität (Existenz) zugestehen möchte, sind doch um deswillen nicht für Hirngespinste anzusehen, sondern geben ein unentbehrliches Richtmaß der Vernunft ab, die des Begriffs von dem, was seiner Art nach ganz vollständig ist, bedarf, um danach den Grad und die Mängel des Unvollständigen zu schätzen und abzumessen.*«[180] Die Menschheit in ihrer Vollkommenheit wird als notwendiges Ideal der Vernunft erschlossen, indem die Wirklichkeit als divergent, nämlich als unvollkommen, erkannt wird. Da es logisch unmöglich ist, durch eine Abstraktion vom Einzelnen und Bedingten auf das Allgemeine und Unbedingte zu schließen, entspricht der Begriff der Menschheit nicht der Summe aller empirischen Menschen und läßt sich aus diesen auch nicht ableiten. Das Unbedingte der Menschheit ist nicht die Summe, sondern die Totalität aller Menschen, orientiert auf das höchste Gut, die Einheit von Sittlichkeit und Glückseligkeit.[181] Erst über dieses Ideal ist der einzelne Mensch als intelligibler Charakter bestimmbar, da das moralische Gesetz nicht ohne das Kollektiv freier Subjekte ist.[182]

Der einzelne Mensch als intelligibler Charakter ist nur durch das Ideal der Menschheit bestimmbar; ohne Bezug auf die Menschheit läßt sich der einzelne Mensch bloß als Erscheinung begreifen. Menschheit ist ein Ideal der Vernunft, welches sich von dem transzendentalen Ideal dadurch unterscheidet, daß der Mensch als vernunftbegabtes Sinnenwesen, das also nicht reine Vernunft, sondern auch Naturwesen ist, nicht rein aus der Reflexion der Vernunft auf sich entspringt. Dieses Ideal enthält also eine Beziehung auf die empirischen vernunftbegabten Sinnenwesen.

Das Ideal der Menschheit beruht auf einer Synthese der Vernunft, die zwar von der Erfahrung ausgeht – es gibt Menschen als Erscheinungen – jedoch über die Erfahrung hinausgeht und dabei eine Synthesis, den Totalitätsbegriff aller sinnlichen Vernunftwesen, hervorbringt. Diese Syntheseleistung der Vernunft im Hervorbringen des Ideals bedarf nicht der Erfahrung, dennoch ist das Ideal, da es auf empirische Menschen bezogen ist, nicht gänzlich unabhängig von Erfahrung. So ist Menschheit kein empirischer und durch Erfahrung gewonnener, sondern im Gegenteil ein der Erfahrung entzogener Begriff, der jedoch eine Wirkung auf die Erfahrung entfaltet, indem er die Würde des Menschen als Forderung an die Wirklichkeit enthält. Im Begriff der Menschheit ist die Würde der Menschheit enthalten. Indem jeder Mensch auf das Ideal der Menschheit bezogen gedacht werden muß, hat er eine Würde. Die Würde des Einzelnen gründet so nicht auf seinen individuellen Eigenschaften, sondern im Ideal der Menschheit. Um dieses Verhältnis zu verdeutlichen, wird im folgenden nicht der Begriff Menschenwürde, sondern der Begriff Menschheitswürde verwendet. Menschheitswürde ist zugleich die Würde jedes Menschen

---

180 A. a. O., B 598.
181 Vgl. Unterkapitel *Das höchste Gut*.
182 Vgl. Unterkapitel *Das Reich der Zwecke*.

sowie die Forderung, daß diese Würde für die Menschen wirklich werde; sie ist hiermit kein kontemplativer, sondern ein produktiver Begriff. Menschheit und Menschheitswürde sind als Totalitätsbegriffe der Vernunft unbedingte Begriffe der Gesamtheit. Solche unbedingten Begriffe können nicht aus der Erfahrung stammen. Die Menschheitswürde ist also nicht aus Erfahrung zu begründen und kann darum nicht davon abhängen, ob vier Zellen oder vier Milliarden Zellen vorliegen.

Da »Mensch« vernünftiges Sinnenwesen ist und dieses nicht ohne den Begriff des intelligiblen Charakters bestimmt werden kann, und da die Reflexion auf den intelligiblen Charakter ergibt, daß dieser nicht sein kann ohne die Beziehung auf das Ideal der Menschheit, ist »Mensch« durch das Ideal der Menschheit bestimmt. Damit ist »Mensch« nicht bloß Artbegriff, sondern darüber hinausgehend ein Begriff, der jedes vernünftige Sinnenwesen unabhängig von seiner besonderen biologischen Beschaffenheit umfaßt. Das Ideal Menschheit bestimmt nicht die Lebewesen, insofern sie eine biologische Gemeinsamkeit aufweisen und zur Spezies *homo sapiens sapiens* gehören, sondern insofern sie eine Totalität bilden, die unter dem Sittengesetz stehen kann. Die biologische Gemeinsamkeit ermöglicht zwar die Zuordnung einzelner Exemplare zur Menschheit, begründet dieses Ideal aber nicht.

Durch seinen Bezug auf das Unbedingte, den Totalitätsbegriff der Menschheit, hat der einzelne intelligible Charakter Würde. Nach Merkel sind Prinzipien und Ideale grundsätzlich nicht geeignet, Moral zu begründen. Moral gründe vielmehr auf »fundamentalen Bedürfnissen«, also allein in der Sinnlichkeit des Menschen.[183] Mit dieser Bestimmung der Moral kann Merkel die Würde des Menschen nur als an einer in der Entwicklung entstehenden Eigenschaft hängend behaupten, jedoch nicht begründen. Denn die Würde kommt dem einzelnen Menschen nicht aufgrund einer Eigenschaft des Individuums zu, sondern ist immer die Würde der Menschheit, die jeder Mensch unbedingt hat. Die Menschheit als Ideal kann nur der aktuell vernünftige Mensch denken, aber indem er sie als Totalität denkt, faßt sie alles, was Mensch ist,[184] unter sich – auch Embryonen. Ohne diese transzendentale Bestimmung der Würde wäre »Mensch« ein bloßer Artbegriff, der eines, was dem Men-

---

183 Vgl. Unterkapitel *Der Embryo: Achtung gebietend, aber ohne Würde.*
184 Das Ideal der Menschheit umgreift alles, was zur Art der vernunftbegabten Sinnenwesen gehört. Dies ist dem Umfang nach biologisch zu fassen, dem Inhalt nach gehörten auch Romulaner und Klingonen dazu und hätten als sinnliche Vernunftnaturen dieselbe unbedingte Würde, gäbe es sie denn.

schen wesentlich ist, nämlich daß er solche Artbegriffe bilden kann, nicht umgriffe und so seinen Gegenstand verfehlte. Die Würde ist vom entwickelten[185] Begriff der Menschheit als Ideal nicht zu trennen.

Nur von dem Menschen als einzigem sinnlichen Vernunftwesen kann es überhaupt ein Ideal geben, denn »*in welcher Art von Gründen der Beurteilung ein Ideal stattfinden soll, da muß irgendeine Idee der Vernunft nach bestimmten Begriffen zum Grunde liegen, die a priori den Zweck bestimmt, worauf die innere Möglichkeit des Gegenstandes beruht. [...] Nur das, was den Zweck seiner Existenz in sich selbst hat, der Mensch, der sich durch Vernunft seine Zwecke selbst bestimmen [...] kann [...], ist also eines Ideals [...] unter allen Gegenständen in der Welt allein fähig.*«[186] Da das Ideal der Reflexion der Vernunft auf sich selbst entspringt, kann nur ein Wesen, das fähig ist, ein Ideal zu bilden, Gegenstand des Ideals sein. Ein solches Vernunftwesen setzt sich seine Zwecke selbst und kann sich so selbst ein Gesetz als oberstes praktisches Prinzip des Willens geben.

Eine der bekanntesten Fassungen des obersten praktischen Prinzips, des kategorischen Imperativs lautet: »*Handle so, daß du die Menschheit, sowohl in deiner Person, als in der Person eines jeden anderen, jederzeit zugleich als Zweck, niemals bloß als Mittel brauchest.*«[187] Als Grund dieses Prinzips gibt Kant an: »*[D]ie vernünftige Natur existiert als Zweck an sich selbst.*«[188] Sie ist Zweck an sich selbst nicht bloß aufgrund des Vermögens der Vernunft, zu schließen, sondern weil sie als vernünftige Natur stets auf das Ideal der Menschheit bezogen ist. Hierdurch ist auch der einzelne Mensch Zweck an sich selbst und hat eine Würde. Damit ist die Würde notwendig an die Art Sinnenwesen gebunden, deren Exemplare als vernunftbegabte dieses Ideal hervorbringen, dessen Gegenstand sie sind.[189]

Im Ideal der Menschheit gründet die »*Würde eines vernünftigen Wesens, das keinem Gesetze gehorcht, als dem, das es zugleich selbst gibt.*«[190] Die

---

185 Menschheitswürde ist kein statischer Begriff, sondern ein zu entwickelnder, praktischer Begriff, der den Prozeß seiner Verwirklichung einfordert. Vgl. Kapitel *Menschheitswürde fordert den Prozeß ihrer Verwirklichung*.
186 Immanuel Kant, *Kritik der Urteilskraft*, Hamburg 1990, S. 73 f (55 f).
187 Kant, *Grundlegung zur Metaphysik der Sitten*, a. a. O., BA 66 f.
188 A. a. O., BA 66.
189 Eine Hypostasierung der Vernunft, wie sie in der katholischen Theologie betrieben wird, führt in den Widerspruch, Gott die Menschenwürde zusprechen zu müssen, da der Mensch seine Würde von Gott erhalte.
190 Kant, *Grundlegung zur Metaphysik der Sitten*, a. a. O., BA 77.

Vernunft, die sich dieses Ideal setzt, ist Zweck an sich selbst; denn es gibt keine Instanz, für welche die Menschheit Mittel ist. Die menschliche Vernunft bildet das Ideal der Menschheit aus als Darstellung dessen, was ihr gemäß ist: Autonomie als die Fähigkeit zur Sittlichkeit. Das moralische Gesetz der Vernunft gilt für jedes vernünftige Wesen gleichermaßen, dadurch daß eines jeden Vernunft es sich selbst geben kann. Als oberstes Gesetz verbindet es die vernünftigen Naturen praktisch miteinander im wechselseitigen Erkennen und Anerkennen als intelligible Charaktere mit Würde, die immer auf das von ihnen hervorgebrachte Ideal der Menschheit bezogen gedacht werden müssen.

Die Würde ist Ausdruck dessen, was keinen Preis hat. Jeder Preis wird in einer Werterelation bestimmt. »*Was einen Preis hat, an dessen Stelle kann auch etwas anderes, als Äquivalent, gesetzt werden; was dagegen über allen Preis erhaben ist, mithin kein Äquivalent verstattet, das hat eine Würde.*«[191] Dasjenige, was nicht in einer Relation bestimmt werden kann, gilt unbedingt. Als Unbedingtes läßt die Würde der Menschheit keine graduellen Abstufungen zu. Die unbedingte Würde des Menschen gebietet, daß er niemals bloß als Mittel fremder Zwecke sein dürfe. »*Die Menschheit selbst ist eine Würde; denn der Mensch kann von keinem Menschen (weder von anderen noch sogar von sich selbst) blos als Mittel, sondern muß jederzeit zugleich als Zweck gebraucht werden, und darin besteht eben seine Würde (die Persönlichkeit), dadurch er sich über alle andere Weltwesen, die nicht Menschen sind und doch gebraucht werden können, [...] erhebt.*«[192] Der Mensch muß auch Mittel sein können, da ohnedem keine gesellschaftliche Arbeitsteilung möglich wäre, durch die allein er sich von der ersten Natur[193] emanzipieren kann. Doch bloß als Mittel zu sein, widerspricht seiner Würde, die eben jene Emanzipation fordert. Wenn ein Vernunftwesen ein anderes Vernunftwesen bloß als Mittel

---

191 Ebd.
192 Immanuel Kant, *Die Metaphysik der Sitten*, a. a. O., S. 462.
193 Die erste Natur meint die natürlichen äußeren Bedingungen, denen der Mensch als Sinnenwesen unterworfen ist, z. B. die jahreszeitlich bedingten Wachstumsperioden eßbarer Pflanzen, die der Mensch durch den Bau von Treibhäusern und die Zucht ertragreicher Sorten ausweiten kann. Hierin ist die erste Natur dann gesellschaftlich vermittelt. Dagegen bezeichnet die zweite Natur die gesellschaftlichen Bedingungen, die von Menschen in ihrem Zusammenleben hergestellt werden, ohne daß dieser Prozeß ein bewußter oder geplanter wäre. Diesen gesellschaftlichen Bedingungen findet der einzelne Mensch sich dann unterworfen, als wären es natürliche, z. B. erscheint der Einzelne im Zwang zur Lohnarbeit als Bedingung seiner Reproduktion den ökonomischen Gesetzen unterworfen, als wären es Naturgesetze. Dies ist die naturhafte Vermittlung der Gesellschaft.

nutzt, wird das letztere unter ein Gesetz des ersteren gestellt. Ein solches Verhältnis zweier Vernunftwesen kann nur ein Gewaltverhältnis sein; das Gesetz, nach dem dies geschieht, ist dann Ausdruck von Herrschaft, nicht von Vernunft. Bloß als Mittel fremder Zwecke zu sein ist immer gegen die Würde eines Menschen, gegen die Menschheit in der Person des Einzelnen, denn es beraubt ihn der Möglichkeit, sich selbst das Gesetz zu geben. Die Autonomie wird dem Einzelnen unter Bedingungen der Herrschaft verwehrt.

Nur in Hinblick auf das Ideal Menschheit können Menschen sich selbst das moralische Gesetz geben; dieses Gesetz ist eine Würde, indem sein Inhalt die Menschheit ist. »*Denn es hat nichts einen Wert, als den, welchen ihm das Gesetz bestimmt. Die Gesetzgebung selbst aber, die allen Wert bestimmt, muß eben darum eine Würde, d. i. unbedingten, unvergleichlichen Wert haben, für welchen das Wort* Achtung *allein den geziemenden Ausdruck der Schätzung abgibt, die ein vernünftiges Wesen über sie anzustellen hat.* Autonomie *ist also der Grund der Würde der menschlichen und jeder vernünftigen Natur.*«[194] Der Inhalt des selbstgegebenen höchsten Gesetzes, die Menschheit als Zweck an sich selbst, ist allein durch die Vernunft bestimmt, nicht durch ein Gefühl – etwa des Mitleids, der Gattungssolidarität oder der Liebe, die in den oben dargestellten Positionen der Stammzellendebatte Moralität begründen sollten. Gleichwohl erzeugt das Ideal der Menschheit laut Kant ein Gefühl: das Gefühl der Achtung vor der Menschheitswürde in jeder Person; denn »*[d]er Mensch ist zwar unheilig genug, aber die* Menschheit *in seiner Person muß ihm heilig sein.*«[195] Diese Heiligkeit als Ausdruck der Unbedingtheit und Unantastbarkeit der Würde erzeugt das Gefühl der Achtung, die als vernunftgewirktes Gefühl a priori ein subjektives Urteil ist, das jedem Menschen bedingungslos Würde zuspricht.

Das moralische Gefühl

Den Erkenntnisvermögen entsprechend unterscheidet Kant drei Arten der Gefühle von Lust und Unlust: das Gefühl des Begehrungsvermögens sowie ästhetisches und moralisches Gefühl. Gefühle sind Urteile, die nicht objektiven Regeln folgen, sondern bloß subjektiv auf den Zustand des Subjektes

---

194 A. a. O., BA 79.
195 Kant, *Kritik der praktischen Vernunft*, a. a. O., A 155.

gehen. Das Gefühl hat – anders als die Empfindung – keinen Grund im Objekt, sondern allein im Subjekt in Ansehung eines Objektes; während das Subjekt sich in der Empfindung auf ein Objekt bezieht, ist es im Gefühl auf sich selbst bezogen: Die Empfindung ist das Fühlen von etwas, im Gefühl fühlt das Subjekt sich selbst.[196] Gefühl ist somit kein Erkenntnisvermögen, sondern das Subjektive der Vorstellung.

Das Gefühl des Begehrungsvermögens wird erzeugt, indem die materialen Eigenschaften eines Objekts als geeignet oder ungeeignet vorgestellt werden, eine Neigung zu befriedigen. Gefühle der sinnlichen Lust und Unlust sind Vermittelndes[197] zwischen Erkenntnisvermögen und Begehrungsvermögen, indem sie eine sinnliche Vorstellung begleiten, wobei die Vorstellung der Übereinstimmung eines Gegenstandes mit dem Begehrungsvermögen ein Gefühl der Lust erzeugt sowie die Nichtübereinstimmung ein Gefühl der Unlust. So ist das Gefühl vermittelt über das Begehrungsvermögen an die Sinnlichkeit, an den Körper, gebunden.[198]

Ästhetische Lust oder Unlust in Ansehung eines Objektes ist ein ästhetisches Urteil, an dem es ein intellektuelles Interesse gibt.[199] Hier wird ein Objekt in Übereinstimmung mit den Regeln des Verstandes vorgestellt. Ein schöner Gegenstand hat Zweckmäßigkeit ohne Zweck, d. h. er läßt sich als spielerische Übereinstimmung der Urteilskraft mit den Regeln des Verstandes vorstellen, als deren »harmonisches Spiel«, was ästhetische Lust an der Zweckmäßigkeit des eigenen Erkenntnisvermögens verschafft und das intellektuelle Interesse weckt, da (Natur-) Gegenstände hier im Einklang mit der Erkenntnis, also als prinzipiell erkennbar vorgestellt werden. Diese Lust an einem schönen Objekt ist so die Lust am eigenen Erkenntnisvermögen, die des äußeren Anstoßes durch das Objekt bedarf. Die Schönheit muß hiernach einen Grund im Objekt haben, doch zugleich kann sie keinen Grund im Objekt haben, sondern bloß im Subjekt, welches das Gefühl der Schönheit hat. Dieser Widerspruch ergibt sich beim moralischen Gefühl nicht, da das Objekt, über das frei geurteilt wird, selbst dem Subjekt entspringt, also aller Grund des Gefühls einzig im Subjekt liegt.

---

196 Vgl. Kant, *Kritik der Urteilskraft*, a. a. O., S. 39 f.
197 Vgl. a. a. O., S. 2.
198 Vgl. a. a. O., S. 126.
199 Die ästhetische ist jedoch keine intellektuelle Lust; dort, wo Kant diesen Begriff gebraucht, gehört er unter das Begehrungsvermögen. In der *Kritik der praktischen Vernunft* (A 210) nennt Kant ein intellektuelles Gefühl hingegen einen widersprüchlichen Begriff, da alles Gefühl sinnlich sei.

Moralisches Gefühl »*ist die Empfänglichkeit für die Lust oder Unlust blos aus dem Bewußtsein der Übereinstimmung oder des Widerstreites unserer Handlungen mit dem Pflichtgesetze.*«[200] Die Pflicht zur Handlung nach dem moralischen Gesetz ist nur dort, wo etwas dagegen ist – Neigungen, die ihren Grund nicht in der Vernunft, sondern in der Sinnlichkeit haben. Ein moralisches Gefühl macht ein vernünftiges Sinnenwesen empfänglich für die Pflicht, dem moralischen Gesetz gemäß zu handeln. So ist auch dieses Gefühl mittelbar – nämlich negativ – auf die Sinnlichkeit bezogen. Da es bloß subjektive Bedingung für diese Empfänglichkeit und nicht selbst objektive Bedingung der Moralität ist, kann es keine Pflicht zu diesem Gefühl geben. Kant nennt es eine »natürliche Gemütsanlage«, d. h. ein Gefühl, das aus der Vernunftnatur selbst folge, ohne erlernt werden zu müssen und das der intellektuellen Erkenntnis des moralischen Gesetzes vorhergehen könne. »*[S]o ist das Gewissen nicht etwas Erwerbliches, und es giebt keine Pflicht sich eines anzuschaffen*«.[201] Auch wenn – wie bei Kant – davon ausgegangen wird, daß jedes vernünftige Wesen ursprünglich ein Gewissen habe, da das Gefühl der Übereinstimmung einer Handlung mit dem moralischen Gesetz eine Lust an der Nötigung durch die Pflicht erzeuge (was nicht erklärt, wie ein solches Gefühl vor der Erkenntnis des Sittengesetzes liegen könne), läßt sich dieses moralische Gefühl (ebenso wie das ästhetische Gefühl) nicht zwingend herleiten, weil es der freien Urteilskraft im nicht-logischen Gebrauch entspringt. Die Erkenntnis des moralischen Gesetzes ist nicht an das Vorhandensein eines solchen Gefühls zu binden. Was bleibt, ist die Feststellung, daß es mit Gewissen leichter fällt, der moralischen Pflicht zu folgen, als ohne, weil die Nötigung durch die Pflicht zu einer Handlung zwar im Widerstreit mit der Lust des Begehrungsvermögens stehen kann, zugleich aber eine andere, eine moralische Lust, zu erzeugen vermag.

Die Achtung

Die Achtung vor der Würde eines jeden Menschen nennt Kant ein »*Gefühl eigener Art*«.[202] Als ein vernunftgewirktes Gefühl a priori ist sie kein Gefühl der Lust oder Unlust, da diese unmittelbar (im Begehren) oder mittelbar (als

---

200 Kant, *Die Metaphysik der Sitten*, a. a. O., S. 399.
201 A. a. O., S. 400.
202 A. a. O., S. 402.

ästhetische oder moralische) auf sinnlicher Empfindung beruhen. Sie sei das Gefühl angesichts der Übereinstimmung des den Willen bestimmenden Prinzips a priori mit dem Ideal der Menschheit als einer Darstellung der Idee, die niemals sinnlich sein kann. Da das Ideal der Menschheit die Vorstellung vollkommener Sittlichkeit enthält, befindet es sich stets in völliger Übereinstimmung mit dem moralischen Gesetz. Darum gibt es zum Gefühl der Achtung kein anderes Negativ als seine Abwesenheit, die Nichtachtung. Achtung bezieht sich auf alle sinnlichen Vernunftwesen, da sie Würde haben, d. i. da sie das Ideal der Menschheit hervorbringen und sich selbst das Gesetz der praktischen Vernunft geben können. Auch Merkel zufolge gibt es eine Achtung, die »in Ansehung alles menschlichen Lebens geboten ist«, welche er jedoch von der Würde, die nur eine Person mit bestimmten Eigenschaften habe, trennt. Was genau diese Achtung hervorrufe, vermag Merkel so nicht zu bestimmen.[203]

Die Achtung vor allen Menschen, welche die Menschheitswürde gebietet, hat ihren Grund nicht in dem empirischen Menschen – dessen Handlungen gegen alle Moral und Vernunft sein können –, sondern sie entspringt dem Ideal der Menschheit, das alle Menschen umgreift, da diese ihrem Begriff nach (wenn auch nicht notwendig der Wirklichkeit nach) dieses Ideals fähig sind. Da einem solchen vernunftgewirkten Urteil über Vernunft mit Vernunftgründen nicht zu widersprechen ist, ist dieses subjektive Urteil zugleich objektiv. Dennoch kann es als Gefühl nicht notwendig sein, da ein Gefühl keine Erkenntnis ist, sondern diese bloß als subjektive Stellung des Subjekts begleitet. So läßt sich nicht die Notwendigkeit dieses Gefühls aufzeigen, sondern nur seine Möglichkeit.[204] Ein solches Gefühl jenseits aller sinnlicher Empfindung ist möglich, da das Ideal als Darstellung einer Idee der Vernunft durch die Einbildungskraft ein Moment des Sinnlichen an sich hat, woran allein ein Gefühl sich knüpfen kann.[205] Da jedoch die Vernunft ihre intelligible Ursache ist, bleibt es problematisch, die Achtung vor der Menschheit als Gefühl zu bezeichnen – und sei

---

203 Vgl. Unterkapitel *Der Embryo: Achtung gebietend, aber ohne Würde*.
204 Diese Überlegung geht über Kant hinaus; die Notwendigkeit der Achtung wird bei Kant behauptet, indem negativ aufgezeigt wird, daß es eine solche Triebfeder geben müsse, da die Einsicht in das moralische Gesetz allein keine Handlung motivieren kann.
205 Das Gefühl der Achtung ist durch die Vernunft gewirkt – nicht umgekehrt. Das Erzeugende des Gefühls ist ein Intelligibles. Merkel wie Spaemann bestimmen andersherum die Moral über das Gefühl; Ursache und Wirkung werden so vertauscht und Moral zu einen psychologischen Phänomen erklärt.

es ein Gefühl eigener Art –, denn wenn sie auch keine Erkenntnis ist, so läßt sie sich dennoch nicht von der Erkenntnis des Ideals der Menschheit trennen. Darüber hinaus gibt es nach Kant eine »*Pflicht der Achtung für den Menschen*«[206] was zeigt, daß es sich bei ihr nicht um ein bloßes Gefühl handeln kann, da Gefühle dem Wollen und somit aller Pflicht entzogen sind. Diese Pflicht bezieht sich auf die Achtung nicht als Gefühl, sondern als Urteil: Die Menschheit in der eigenen Person und der des Anderen ist zu achten. Zugleich muß die Achtung ein Gefühl sein oder zumindest ein Moment des Gefühls notwendig an sich haben, da sie die Triebfeder des moralischen Handelns ist. Zu dieser Triebfeder kann es keine Pflicht geben. »*Denn sie [die Achtung] könnte, als Pflicht betrachtet, nur durch die* Achtung*, die wir vor ihr haben, vorgestellt werden. Zu dieser also eine Pflicht zu haben würde so viel sagen, als zur Pflicht verpflichtet werden.*«[207] Die Pflicht zur Triebfeder setzte ebendiese schon voraus und wäre somit eine widersinnige Verdopplung ihrer selbst.

Eine Triebfeder ist »*der subjektive Bestimmungsgrund des Willens eines Wesens, [...] dessen Vernunft nicht schon vermöge seiner Natur dem objektiven Gesetze notwendig gemäß ist.*«[208] Der Wille eines reinen Vernunftwesens hätte keinerlei Triebfedern, da er durch nichts anderes als das moralische Gesetz bestimmt sein könnte; ein endliches vernünftiges Sinnenwesen kann keine andere Triebfeder zur Moralität haben als ein Gefühl – Ausdruck des endlichen Sinnenwesens –, das in der Moralität selbst gründet. Die Achtung ist ein Gefühl, das durch die reine praktische Vernunft gewirkt ist, aber zugleich Ausdruck der Sinnlichkeit und Endlichkeit vernünftiger Wesen ist. Sie entspringt als Gefühl jedoch nicht rein der Vernunft, sonst wäre sie bloße Reflexivität und als solche nicht Triebfeder. Als Gefühl und als Triebfeder hat die Achtung immer ein Moment, das an die Sinnlichkeit gebunden ist, und umgekehrt braucht nur ein endliches und sinnliches Vernunftwesen überhaupt eine Triebfeder, ein Gefühl zu dem moralischen Gesetz, da sein Wille nicht reiner Wille ist und auch durch andere Triebfedern bestimmt werden kann. Die Achtung ist von allen anderen Triebfedern der Neigung dadurch unterschieden, daß sie keinen heteronomen Grund in der Sinnlichkeit hat, sondern

---

206 A. a. O., S. 463.
207 A. a. O., S. 402.
208 Kant, *Kritik der praktischen Vernunft*, a. a. O., A 127.
209 Sie könnte darum als Bewegungsgrund bezeichnet werden, um sie terminologisch von den Triebfedern als bloß subjektiven Gründen des Begehrens abzugrenzen. Da letztere hier nicht Gegenstand sind, wird jedoch der Terminus Triebfeder analog zu Kant gebraucht.

von der reinen praktischen Vernunft gewirkt ist.[209] Wie es möglich ist, daß mit der Achtung die Idee des Sittengesetzes selbst zu einer Triebfeder werden kann, entzieht sich der theoretischen Vernunft und ist so nicht begreiflich. Doch muß dies als Tatsache angenommen werden, da endliche Sinnenwesen anders kein Motiv zu einer moralischen Handlung besäßen. Daß es diese moralische Triebfeder a priori geben muß, läßt sich nur negativ zeigen.

Die Vernunft muß nach Kants zirkulärer Bestimmung einen Einfluß auf die Sinnlichkeit haben können, da das moralische Gesetz gebietet, daß sie einen Einfluß auf die Sinnlichkeit haben soll. Das moralische Gesetz ist durch die praktische Vernunft formaler Bestimmungsgrund der Handlungen, zugleich ist es auch der subjektive Bestimmungsgrund jeder moralischen Handlung, ihre Triebfeder. Diese Triebfeder als Achtung ist nicht pathologisch, nicht sinnlich bedingt, sondern praktisch als eine Wirkung der Vernunft hervorgebracht, so daß die Achtung für das Gesetz nicht äußere Triebfeder zur Sittlichkeit, sondern in der Achtung die Sittlichkeit selbst als subjektive Triebfeder zu betrachten ist: »*Und so ist die Achtung fürs Gesetz nicht Triebfeder zur Sittlichkeit, sondern sie ist die Sittlichkeit selbst, subjektiv als Triebfeder betrachtet, indem die reine praktische Vernunft dadurch, daß sie der Selbstliebe, im Gegensatze mit ihr, alle Ansprüche abschlägt, dem Gesetze, das jetzt allein Einfluß hat, Ansehen verschafft.*«[210]

Die Frage, wie das moralische Gesetz selbst als Triebfeder Bestimmungsgrund des Willens werden könne, ist dieselbe, wie ein freier Wille überhaupt möglich sei – und ist wie diese nicht positiv zu beantworten. Dies ist ein »*für die menschliche Vernunft unauflösliches Problem [...]. Also werden wir nicht den Grund, woher das moralische Gesetz in sich eine Triebfeder abgebe, sondern was, so fern es eine solche ist, sie im Gemüte wirkt (besser zu sagen, wirken muß), a priori anzuzeigen haben.*«[211] A priori kann die Triebfeder des moralischen Willens nur negativ als eine Triebfeder ohne Mitwirkung sinnlicher Antriebe erkannt werden. Alle sinnlichen Triebfedern gründen in Gefühlen. »*Denn alles Praktische, sofern es Triebfedern enthält, bezieht sich auf Gefühle, welche zu empirischen Erkenntnisquellen gehören.*«[212] Die Triebfedern sind an das Gefühl gebunden und somit muß auch die Achtung an ein Gefühl gebunden sein, jedoch an eines, das keine empirische Erkenntnis begleitet.

---

210 A. a. O., A 134.
211 A. a. O., A 128.
212 Kant, *Kritik der reinen Vernunft*, a. a. O., B 29.

Moralität bedeutet die Negation aller sinnlich bestimmten Triebfedern für den Willen, von denen keine Grund zu einer moralischen (sondern höchstens zu einer pflichtgemäßen) Handlung sein kann. Wenn Moralität in Handlungen möglich sein soll, dann müssen die sinnlich bestimmten Triebfedern negiert werden – und zwar technisch-praktisch im einzelnen Subjekt. Die Negation dieser Triebfedern ist selbst wiederum ein Gefühl. »*Folglich können wir einsehen, daß das moralische Gesetz als Bestimmungsgrund des Willens dadurch, daß es allen unseren Neigungen Eintrag tut, ein Gefühl bewirken müsse, welches Schmerz genannt werden kann, und hier haben wir nun den [...] Fall, da wir aus Begriffen a priori das Verhältnis eines Erkenntnisses zum Gefühl der Lust oder Unlust bestimmen konnten.*«[213] Nun ist dieser Schmerz keine Triebfeder zu einer Handlung. Dieses Gefühl, das durch die Negation allen Gefühls in sinnlich bedingten Triebfedern erzeugt wurde, kann noch nicht selbst die Triebfeder zum moralischen Gesetz sein. Doch in der Betrachtung dieses speziellen Schmerzes im Gemüt wird in ihm die Niederschlagung des »Eigendünkels«, der bloß subjektiven, sinnlich bestimmten Triebfedern, erkannt. Dies erzeugt ein Gefühl der Achtung gegenüber der unbekannten Ursache, welche diese Niederschlagung bewirken kann: dem moralischen Gesetz (das nicht im Gemüt, sondern allein durch Vernunft gegeben und erkannt werden kann). So führt der Schmerz vermittelt über seine Betrachtung im Gemüt auf ein positives Gefühl: die Achtung als Anerkennung davon, daß aller »Eigendünkel« durch ein Gesetz der Vernunft niedergeschlagen wird.

Problematisch scheint hieran, daß dasjenige, was Achtung erzeugt, selbst bereits die Achtung voraussetzt, da sie als Triebfeder des Moralischen die Negierung der sinnlich bedingten Motive erst bewirkt. Doch als transzendentale Ursache ist das moralische Gesetz kein Gegenstand möglicher Erfahrung und als solcher in keine kausale Zeitreihe zu setzen, da das Gesetz eine Kausalität aus Freiheit darstellt. So ist das moralische Gesetz als transzendentale Ursache der Achtung dieser zwar logisch, nicht jedoch zeitlich vorzuordnen.[214]

Schmerz als negatives Gefühl ist keine Triebfeder, sondern lediglich die Unlust am Widerstand gegen sinnliche Triebfedern. Doch diese »*Demütigung auf der sinnlichen Seite*« ist zugleich »*eine Erhebung der moralischen*«[215] Seite. Diese Erhebung erzeugt das Gefühl der Achtung. Das affizierte Subjekt als

---

213 Kant, *Kritik der praktischen Vernunft*, a. a. O., A 129.
214 Vgl. a. a. O., A 133 f.
215 A. a. O., A 140.

sinnliches wird gedemütigt, indem alle seine Neigungen niedergeschlagen werden, zugleich liegt hierin jedoch der Grund der positiven Triebfeder des moralischen Willens, der Achtung, indem der Wille durch diese Niederschlagung frei ist, sich selbst das Gesetz der Vernunft zu geben. Die Bedingung der Achtung ist das sinnliche Gefühl, aber der Grund der Achtung ist die reine praktische Vernunft.

»*Geschieht die Willensbestimmung zwar gemäß dem moralischen Gesetze, aber nur vermittels eines Gefühls, welcher Art es auch sei, das vorausgesetzt werden muß, damit jenes ein hinreichender Bestimmungsgrund des Willens werde, mithin nicht um des Gesetzes Willen: so wird die Handlung [...] nicht Moralität enthalten.*«[216] Die Achtung soll ein Gefühl sein, das hinreichender Bestimmungsgrund des Willens ist und das zugleich das Gesetz selbst als intelligible Ursache des Gefühls zum alleinigen Bestimmungsgrund des Willens macht. Damit ist die Achtung nicht bloß ein »sonderbares Gefühl«,[217] sondern selbst mehr als ein Gefühl. »*Also ist Achtung fürs moralische Gesetz ein Gefühl, welches durch einen intellektuellen Grund gewirkt wird, und dieses Gefühl ist das Einzige, welches wir völlig a priori erkennen, und dessen Notwendigkeit wir einsehen können.*«[218] Ein Gefühl haben, es erkennen und etwas als notwendig einsehen sind dreierlei, und all dieses ist in der Achtung enthalten: die Achtung als vernunftgewirktes Gefühl, das Erkennen dieses Gefühls als durch einen intellektuellen Grund gewirkt und damit als a priori bestimmbar sowie das Urteil, daß die Menschheit in jeder Person zu achten eine Pflicht ist, da dem intellektuellen Grund des Gefühls Notwendigkeit zukommt. So ist die Achtung nicht nur ein Gefühl, sondern vielmehr eine Haltung, eine synthetische Einheit aus Fühlen, Denken und Tun. Die Achtung wäre so die Haltung, die gegenüber jedem einzelnen vernünftigen Wesen das Wissen um dessen Würde zum Ausdruck bringt.

Angesichts der Menschheit heißt diese Haltung Hoffnung. Hoffnung ist, ebenso wie Achtung, ein durch einen intellektuellen Grund (das Ideal der Menschheit und die Idee des höchsten Guts) gewirktes Gefühl, das sein Erkennen als a priori Bestimmbares und das Urteil über seine Notwendigkeit miteinschließt.

Da der einzelne Mensch nicht aufgrund individueller Fähigkeiten, sondern als zur Menschheit gehörig Gegenstand der Achtung ist, bezieht sich die

---

216 A. a. O., A 126 f.
217 Vgl. a. a. O., A 135.
218 A. a. O., A 131.

Achtung auf das Kollektiv freier Subjekte, darauf, daß jeder Mensch Zweck an sich selbst ist. Achtung ist eine Haltung, die von der Vernunft gewirkt ist. Sie hat so ihre Ursache in der Vernunft. Es ist die Achtung vor der Erhabenheit unserer Natur, die keine bloß empirische ist, sondern als vernünftige Natur ein nicht-empirisches Moment enthält, nämlich unser Freiheitsvermögen. Jedem Menschen seine Würde, die er aufgrund dieser Natur immer hat, zuzugestehen, heißt, das Ideal der Menschheit nicht aufzugeben, gleich unter welchen äußeren Bedingungen. Dies schließt die Würde der eigenen Person mit ein. Diese Haltung der Anerkennung der Würde jedes einzelnen Menschen ist zugleich die Hoffnung auf eine Menschheit unter Bedingungen der Freiheit, weil Hoffnung wie Achtung durch das Ideal der Menschheit gewirkt sind.

Ideen haben Realität, indem sie praktisch sind; sie sind nicht notwendig konstitutiv für die Erfahrung wie die Kategorien als Verstandesbegriffe a priori, sondern regulativ[219] für unser Handeln, dessen Richtung sie bestimmen. Kant bestimmt die Ideen als regulativ für die theoretische Vernunft, in der praktischen Vernunft müssen sie jedoch als konstitutiv angenommen werden. Ideen sind selbständig, also unabhängig von Erfahrung, indem die Vernunft sich in ihnen auf sich selbst bezieht. »*Man kann keiner theoretischen Idee objective Realität verschaffen oder dieselbe beweisen, als nur der Idee von der Freiheit, und zwar, weil diese die Bedingung des moralischen Gesetzes ist, dessen Realität ein Axiom ist.*«[220] Durch Handlungen aus Freiheit – welche dieselbe voraussetzen und dadurch beweisen – kann die Idee der Menschheit unter Bedingungen der Freiheit wirklich werden. Hoffnung ist die Haltung, welche die Notwendigkeit des Ideals der Menschheit erkennt und sich dessen Wirklichkeit im Handeln als Ziel setzt, mit dem Wissen, daß es aus Freiheit zu erreichen ist. Hoffnung ist so die Triebfeder für empirische Subjekte, Glückseligkeit und Sittlichkeit im Prozeß der Befreiung von der ersten (und zweiten) Natur, und damit von dem Ausgeliefertsein an den Naturmechanismus, zu verbinden.

---

219 Ideen a priori sind zunächst regulativ, können a posteriori jedoch konstitutiv werden (vgl. Unterkapitel *Reine Vernunftbegriffe*). Analoges gilt für die aus einem a priori bestimmbaren intellektuellen Grund gewirkten Gefühle, die Achtung und die Hoffnung.
220 Immanuel Kant, Werke Bd. 9, *Logik*, Berlin 1968, S. 93.

Menschheitswürde fordert den Prozeß ihrer Verwirklichung

Dem Ideal der Menschheit kongruiert unmittelbar nichts in der Wirklichkeit, aber ihm korrespondiert das intelligible Moment jedes Menschen, seine Würde, die Achtung verlangt. Das Vermittelnde zwischen dem Ideal der Menschheit und den empirischen Menschen, zwischen dem Einzelnen und der Menschheitswürde, ist der Prozeß aus Freiheit zur Verwirklichung dieses Ideals. Die Triebfeder dieses Prozesses ist die Hoffnung auf diese Verwirklichung; bezogen auf jede divergente gesellschaftliche Wirklichkeit äußert sich Hoffnung stets als Kritik an deren Mängeln.

Das höchste Gut

Der einzige Gegenstand der reinen praktischen Vernunft ist das Gute. Das Gute ist der Zweck jeder Handlung, deren Handlungsgrund das moralische Gesetz ist. Diese Bestimmung ist in ihrer Allgemeinheit und Abstraktheit ebenso richtig wie leer. Leer ist sie darum, weil Menschen keine rein intelligiblen Wesen sind (keine Engel) und das moralische Gesetz nicht alleiniger Bestimmungsgrund ihres Willens sein kann. Menschen sind auch Sinnenwesen mit sinnlichen Bedürfnissen, und wie ihr intelligibler Zweck aus Freiheit das moralisch Gute ist, so ist zugleich ihr Naturzweck[221] die Glückseligkeit. »*Glückseligkeit ist die Befriedigung aller unserer Neigungen (so wohl* extensive, *der Mannigfaltigkeit derselben, als* intensive, *dem Grade, und auch* protensive, *der Dauer nach*)«,[222] mit der das Bewußtsein dieser Befriedigung einhergeht. Das Glück hat einen bloß subjektiven und empirischen Bestimmungsgrund, da alle Neigungen in jedem Subjekt verschieden sein können und sowohl die Objekte der Lust als auch die Mittel zu ihrer Befriedigung sich in äußeren Gegenständen finden. Darum läßt sich aus ihm kein allgemeines Prinzip einer Gesetzgebung bilden. Die Maxime der Glückseligkeit[223] kann kein objektives Prinzip haben,

---

221 Nicht als von der Natur gesetzter Zweck, sondern als Zweck des Menschen, insofern er Naturwesen ist.
222 Kant, *Kritik der reinen Vernunft,* a. a. O., B 834.

weil sie nach Verschiedenheit der Subjekte und Objekte verschieden ist. Das Streben nach Glück ist in seiner Erweiterung unbeschränkt, da weder Neigungen noch Arten ihrer Befriedigung einer allgemeinen Regel unterliegen; zu bestimmen, was das höchste Glück auch nur eines Wesens ausmachte, setzte Allwissenheit voraus, da sich nur vom Resultat aus feststellen läßt, welcher empirische Zustand Glück erzeugt. Nicht aus der Vernunft, sondern nur aus der Erfahrung läßt sich erkennen, was glücklich macht; da Erfahrung endlich ist, läßt sich immer ein noch glücklicherer Zustand (als Negation eines Mangels) vorstellen. Glücklich zu sein ist der letzte Naturzweck des Menschen und so ein Zweck, der materielle Bedingungen zu seiner notwendigen (wenn auch nicht hinreichenden) Voraussetzung hat; intelligibler, unbedingter Zweck aus Freiheit ist die Sittlichkeit.[224] Der Handlungsgrund des sittlichen Willens ist das moralische Gesetz; dieser bestimmt sich so unabhängig von eudämonischen Zwecken, wogegen der empirische Wille sich gerade durch diese bestimmt.

Glückseligkeit als Totalitätsbegriff faßt das Glück Einzelner nicht bloß als Summe, sondern als Gesamtheit; die Form der Gesamtheit der Menschen ist die Gesellschaft. Im Ideal der Menschheit müssen Glückseligkeit als die Einheit des Glückes aller Menschen und Sittlichkeit als gesellschaftlicher Zustand

---

223   Kant benutzt den Begriff der Glückseligkeit in doppelter Bedeutung: Einmal bezogen auf das einzelne Subjekt, das danach strebt, alle seine Bedürfnisse zu befriedigen, weiterhin jedoch als Totalitätsbegriff, die Synthesis allen partikularen Glücks, welche alle partikularen Glückseligkeiten umgreift und bestimmt. Die erstere Bedeutung wird hier Glück genannt. Dieses ist immer auf die Glückseligkeit als Totalitätsbegriff bezogen, da partikulares Glück Einzelner nicht als sich wechselseitig ausschließendes gedacht werden kann und soll.

224   Diese beiden höchsten Zwecke, Glückseligkeit und Sittlichkeit sind die letzten Zwecke oder Endzwecke vernünftiger Sinnenwesen. »*Der Zweck, welcher die unumgängliche und zugleich zureichende Bedingung aller übrigen enthält, ist der* Endzweck.« (Immanuel Kant, Werke Bd. 6, Berlin 1968, *Die Religion innerhalb der Grenzen der bloßen Vernunft*, S. 6.) Der subjektive Endzweck vernünftiger Wesen ist die eigene Glückseligkeit, als objektiver Endzweck wurde die Sittlichkeit bestimmt. Ihre Verbindung ist das höchste Gut. Daß jeder sich das höchste, in der Welt mögliche Gut zum Endzweck machen solle, ist ein synthetischer objektiv-praktischer Satz a priori, da er über den Begriff der Pflicht in der Welt wirksam ist (diese Wirksamkeit durch Handlungen ist im moralischen Gesetz allein nicht enthalten). Es muß unter den Zwecken einige geben, die zugleich, also ihrem Begriff nach Pflichten sind, denn sonst wären alle Zwecke immer nur Mittel zu anderen Zwecken usf. Ein oberster Zweck als kategorischer Imperativ wäre so unmöglich. So gibt es Zwecke, die an sich selbst Pflicht, also objektive Zwecke sind. Insofern ist die Moral ein System der Zwecke der reinen praktischen Vernunft.

miteinander verbunden gedacht werden können, da die Einheit von Naturzweck und Zweck aus Freiheit vom Begriff des Menschen als Vernunftwesen und Naturwesen gefordert wird. Diese Einheit von Sittlichkeit und Glückseligkeit im Ideal der Menschheit ist das höchste Gut. »*In dem höchsten für uns praktischen, d. i. durch unsern Willen wirklich zu machenden, Gute werden Tugend und Glückseligkeit als notwendig verbunden gedacht, so, daß das eine durch reine praktische Vernunft nicht angenommen werden kann, ohne daß das andere auch zu ihm gehöre.*«[225] Der Begriff des Guten geht dem moralischen Gesetz nicht in dem Sinne vorher, daß das Gute die Moral bestimmen würde, sondern umgekehrt kann, was Gut ist, erst durch das Gesetz bestimmt werden. So ist auch das höchste Gut ganz durch das moralische Gesetz bestimmt. Die Sittlichkeit ist der das höchste Gut bestimmende Teil, indem nur durch sie die Glückseligkeit selbst nicht bloß als angenehm, sondern als gut bestimmt werden kann. Darum hat nach Kant die Pflicht das Primat vor dem Glück. Die Verbindung von Glückseligkeit und Sittlichkeit muß »*synthetisch, und zwar als Verknüpfung der Ursache mit der Wirkung gedacht werden; weil sie ein praktisches Gut, d. i. was durch Handlung möglich ist, betrifft.*«[226] Weder folgt aus Glückseligkeit notwendig Sittlichkeit, noch umgekehrt aus Sittlichkeit notwendig Glückseligkeit. Doch wenn auch keines von beiden hinreichende Bedingung für das andere ist, läßt sich zumindest negativ zeigen, daß Glückseligkeit (als Totalitätsbegriff und nicht als Summe partikularer Bedürfnisbefriedigung) ohne Sittlichkeit nicht möglich ist, also Sittlichkeit die notwendige Bedingung von Glückseligkeit darstellt.

Eine Welt unter den Bedingungen der Sittlichkeit ist eine, welche Glückseligkeit erst möglich macht, indem sie den Einzelnen unter Bedingungen der Freiheit und somit bedingt frei vom Naturzwang und bedingungslos frei von Herrschaft[227] stellt. Die Verbindung von Glückseligkeit und Sittlichkeit kann nur eine praktische sein, die sich im Prozeß gesellschaftlicher Entwicklung Wirklichkeit verschafft. Triebfeder dieses Prozesses ist die Hoffnung, durch welche das als notwendig erkannte Ideal seine Realität beweist, dadurch daß es über die tätige Kritik des Mangels wirklich zu werden verlangt. »*Denn alles Hoffen geht auf Glückseligkeit, und ist in Absicht auf das Praktische und das*

---

225 Kant, *Kritik der praktischen Vernunft*, a. a. O., A 204.
226 Ebd.
227 Der Begriff Herrschaft wird hier im strengen Sinne gebraucht als ein Gewaltverhältnis zwischen Menschen, nicht als eine Abhängigkeit von Naturzwängen oder gar als den Eingriff in Naturzusammenhänge.

Sittengesetz eben dasselbe, was das Wissen und das Naturgesetz in Ansehung der theoretischen Erkenntnis der Dinge ist. Jenes läuft zuletzt auf den Schluß hinaus, daß etwas sei (was den letzten möglichen Zweck bestimmt), weil etwas geschehen soll; dieses, daß etwas sei (was als oberste Ursache wirkt), weil etwas geschieht.«[228] So ist das Ideal der Menschheit durch die vernunftgewirkte Hoffnung, nämlich daß es sein wird, weil es sein soll, jederzeit praktisch als ein zu Verwirklichendes bestimmt – und fordert damit den Prozeß seiner Verwirklichung.

Im Ideal der Menschheit wird der Mensch nicht zum rein intelligiblen Vernunftwesen verklärt, sondern sein sinnliches Streben nach Glückseligkeit wird unter Bedingungen der Sittlichkeit, der Freiheit, gedacht. Das Ideal beinhaltet nicht die Vorstellung besserer Menschen, die das Sittengesetz als alleinigen Bestimmungsgrund ihres Willens haben, denn so verlöre es den Bezug zu seinem Gegenstand, den empirischen Menschen. Das Ideal muß auf die Vorstellung einer besseren Welt als einem Ort der praktischen Freiheit gehen, in dem keine Not gegen sittliches Handeln steht; denn die Abwesenheit von Not ist die Bedingung der Möglichkeit der Realisierung von Sittlichkeit. Freiheit ist nicht bloßer Reflexionsbegriff der theoretischen Vernunft, sondern sie wird als Bestimmungsgrund des moralischen Willens praktisch, indem sie gebietet, zum höchsten Gut beizutragen. Die reine praktische Vernunft muß vor der theoretischen das Primat haben, *»weil alles Interesse zuletzt praktisch ist.«*[229] Freiheit kann nur durch Handlungen im Material praktisch werden – und nur im Material läßt sie sich praktisch beschneiden. Die intelligible Ursache der Verknüpfung von Sittlichkeit und Glückseligkeit kann nichts außerhalb des

---

228   Kant, *Kritik der reinen Vernunft*, a. a. O., B 833 f.
229   Kant, *Kritik der praktischen Vernunft*, a. a. O., A 219.
230   Die Verknüpfung von intelligibler Welt und Sinnenwelt versucht Kant über ein Gefühl des Glückes an der Tugend zu erklären: die Selbstzufriedenheit. »Selbstzufriedenheit« bestimmt Kant als negiertes negatives Gefühl, da die Vernunft sich negativ auf Neigungen, also auch auf die Unzufriedenheit, die jede Neigung aufgrund ihrer Maßlosigkeit begleitet, bezieht. Die Selbstzufriedenheit, die daraus entspringt, nicht aus Neigung, sondern aus Vernunft zu handeln, ist ein vernunftgewirktes Gefühl – gleich der Achtung –, erzeugt durch die Unabhängigkeit von Neigungen, durch ihre Negation. In diesem negativen Bezug auf Neigung ist die Neigung immer noch enthalten. Im Gefühl der Selbstzufriedenheit sei so der Genuß an der Freiheit möglich. Hierüber will Kant die Verbindung vom Allgemeinen der Tugend mit dem Individuellen der partikularen Glückseligkeit herstellen, was jedoch scheitern muß, da die Selbstzufriedenheit ein von der Glückseligkeit verschiedenes Gefühl ist. Letztere geht auf die Erfüllung von Bedürfnissen, erstere auf die Bedürfnislosigkeit. Diesen Fehler aufnehmend, haben spätere Interpreten Kants Moral als Askese mißverstanden.

Vermögens der Menschen Liegendes sein, sondern sie muß aus deren Vermögen selbst entspringen.[230] Durch dieses Vermögen ist die Menschheit in jeder Person heilig.

Die Menschheit in jeder Person ist heilig

»*Der Mensch ist zwar unheilig genug, aber die* Menschheit *in seiner Person muß ihm heilig sein.*«[231] Mit dem Begriff heilig bezeichnet Kant ein Unbedingtes, Unantastbares mit dem sich nichts anderes vergleichen läßt und woraus ein Vermögen entspringt, welches durch die Vermittlung von sinnlicher und intelligibler Welt das Ideal Menschheit zu einem praktischen macht. Mit der Menschheit sei auch ihr Gesetz heilig. Das moralische Gesetz war zunächst ein bloß formales Gesetz und somit inhaltsleer. Das formal-logische Verfahren kann nicht heilig sein. Es steht unter der Bedingung der Freiheit. Auch die Freiheit, wird sie lediglich als formale Freiheit der Willkür verstanden (als Vermögen nach Belieben, also ohne Ansehung des Inhalts, zu tun oder zu lassen), ist nicht heilig. Heilig ist das moralische Gesetz nur durch seinen Inhalt, die Menschheit; denn in ihr wird durch das vermittelnde Vermögen von intelligibler und empirischer Welt das moralische Gesetz praktisch.

Das moralische Gesetz ist notwendig auf das Kollektiv intelligibler Subjekte bezogen. Diese freien Subjekte sind vernunftbegabte Sinnenwesen, die sinnliche, d. i. materielle Bedürfnisse als Bedingung der Realisierung ihrer Freiheit haben. Darum ist der Bezug der Sittlichkeit auf materielle Bedingungen notwendig, sonst wäre das Gesetz der reinen praktischen Vernunft leer. Erst mit dem Inhalt des Vermögens der Befreiung vom Naturzwang,[232] durch welches das Ideal der Menschheit in einem Prozeß wirklich werden kann, ist das moralische Gesetz heilig. Und hierin, nicht in der notwendigen logischen Struktur, liegt die Differenz zu Naturgesetzen. Das Naturgesetz kann nicht erkannt werden, ohne eine Entsprechung in der Erfahrung zu haben.[233] Beim

---

231 A. a. O., A 155.
232 Die sukzessive Befreiung vom Naturzwang ist ein notwendiges Vermögen, um dem Ideal der Menschheit Realität zu verschaffen, da Menschen als Sinnenwesen von Natur aus unter diesem Zwang stehen. Die gänzliche Befreiung aus Herrschaftsverhältnissen tritt nur hinzu, wenn ein solches Gewaltverhältnis von Menschen geschaffen wurde, folgt also nicht aus dem Begriff des Menschen als vernunftbegabtem Sinnenwesen, sondern ist an eine historische Entwicklung geknüpft.

moralischen Gesetz ist dieses Verhältnis umgekehrt: Das Gesetz fordert, der Sittlichkeit Wirklichkeit zu verschaffen. Bei der Erkenntnis der Naturgesetze »*gibt uns Erfahrung die Regel an die Hand und ist der Quell der Wahrheit*«.[234] Das Sittengesetz dagegen macht die Erfahrung des Guten erst möglich und fordert seinen Gegenstand als wirklichen erst ein. Indem es fordert, daß die Welt dem Ideal der Menschheit gemäß werde, ist das moralische Gesetz auf das Vermögen der Personen, diese Forderung zu erfüllen, verwiesen und mit ihnen heilig.

Begriff der Persönlichkeit

Das Vermögen, in dem die Heiligkeit der Menschheit und jeder Person gründet, ist von Kant als dasjenige bestimmt worden, welches zwischen Ideal und empirischer Welt vermittelt. Kant nennt es auch die Persönlichkeit. Persönlichkeit ist für Kant nicht ein vor jeder Erfahrung jedem Einzelnen zukommendes Fixum, sondern ein die Vermittlung von Empirischem und Intelligiblem herstellendes Vermögen. Die Kantischen Bestimmungen weitergedacht ist dieses Vermögen das der menschlichen Arbeit.

Menschheit ist nicht denkbar ohne Kausalität aus Freiheit. Diese vergegenständlicht sich im Mehrprodukt: Kausalität aus Freiheit ermöglicht es, mehr zu produzieren, als für die Reproduktion nötig ist. Das Mehrprodukt ist die Voraussetzung der Freiheit der Subjekte: es stellt den Menschen zeitweise frei von dem Zwang zur Reproduktion. So verwirklicht die Menschheit sich als freie im Prozeß gesellschaftlicher Entwicklung, sofern diese eine am Begriff der Freiheit orientierte Arbeitsteilung zur Herstellung eines Mehrprodukts entfaltet. Die Teilung der Arbeit und damit verbundene Steigerung der Produktivkraft ist eine notwendige, aber nicht hinreichende Bedingung des Prozesses der Verwirklichung des Ideals der Menschheit, da die unmittelbare

---

233   In einem bestehenden naturwissenschaftlichen System können Naturgesetze als spekulative aufgestellt werden, zu denen ein empirisches Pendant erst gesucht und gefunden werden muß. Es gibt in der Geschichte der Naturwissenschaften die Bewegung von den empirisch bedingten Erfahrungen hin zu den allgemeinen Gesetzen, die sich im folgenden dann von der Beschränktheit einer endlichen Zahl von Fällen in der Erfahrung abkoppeln können, und damit dann allgemein gelten. Für die Entstehung eines naturwissenschaftlichen Systems gilt allerdings die Voraussetzung, daß es Gesetzmäßigkeiten in der Erfahrung geben muß, um ein solches System überhaupt erst anzustoßen und zu ermöglichen.
234   Kant, *Kritik der reinen Vernunft*, a. a. O., B 375.

Abhängigkeit von Naturgegebenheiten zwar gemildert wird, aber dieser Prozeß sich in der bisherigen Geschichte unter Bedingungen der Herrschaft vollzog, was die Unterwerfung unter die zweite Natur hervorbrachte. Der Begriff der Menschheit ist nur im Prozeß der Verwirklichung von Freiheit zu fassen: Die Freiheit als Reflexionsbegriff hat erst über das moralischen Gesetz, d. i. über die Handlungen aus Pflicht, den Bezug auf die Sinnenwesen, die sich durch die Arbeit in einer arbeitsteiligen Gesellschaft von der äußeren Bestimmtheit durch die Natur entfernen und sich dabei ihrer autonomen Bestimmung, der Sittlichkeit, nähern können. Die Heiligkeit wird so bestimmt durch die tätige, menschliche Vernunft, die in Handlungen – sittlichen und denen der Produktion – praktisch ist, nicht durch eine transzendente Macht (Gott).

Der Ursprung der Pflicht »*kann nichts minderes sein, als was den Menschen über sich selbst (als einen Teil der Sinnenwelt) erhebt [...] Es ist nichts anderes als die* Persönlichkeit, *d. i. die Freiheit und Unabhängigkeit von dem Mechanism der ganzen Natur, doch zugleich als ein Vermögen eines Wesens betrachtet, welches eigentümlichen, nämlich von seiner eigenen Vernunft gegebenen reinen praktischen Gesetzen, die Person also, als zur Sinnenwelt gehörig, ihrer eigenen Persönlichkeit unterworfen ist, sofern sie zugleich zur intelligiblen Welt gehört.*«[235] Nach dem Sittengesetz zu handeln, ist die moralische Pflicht des Menschen, die ihn zu mehr als einem bloßen Teil der Sinnenwelt macht, da durch sie praktische Vernunft in der Natur wirksam ist. Die Pflicht ist nichts unmittelbares oder natürliches,[236] sondern sie gründet in der Reflexion auf die Vernunft eines jeden Einzelnen. Der Mensch als Person ist der eigenen Persönlichkeit unterworfen, d. h. er ist dem Prinzip des freien vernünftigen Willens unterworfen und damit der Pflicht, nach dem moralischen Gesetz zu handeln.

Kausalität aus Freiheit und »Unabhängigkeit von dem Mechanism der ganzen Natur« sind die Momente, die als »Vermögen eines Wesens« die Persönlichkeit des Menschen ausmachen und denen die Person unterworfen ist; so ist der empirische Charakter dem intelligiblen unterworfen. Die Freiheit erhebt den Menschen der Möglichkeit nach über den Mechanismus der Natur. Der Begriff der Persönlichkeit des Menschen wird bei Kant an die Möglichkeit der Freiheit als Prozeß der Befreiung vom Mechanismus der Natur gekoppelt. Dieser Prozeß kann kein Naturprozeß sein kann, sondern nur einer

---

235 Kant, *Kritik der praktischen Vernunft*, a. a. O., A 154 f.
236 Wie etwa der von Schöne-Seifert angeführte »moralische Sinn«; vgl. Unterkapitel *Die Befürworter*.

aus Freiheit, d. i. ein in der Natur stattfindender und mit Hilfe der Naturgesetze durch Arbeit als technisch-praktischem Vermögen vernünftiger Sinnenwesen gewirkter Prozeß.

Die Freiheit vom Mechanismus der Natur wird nur im Prozeß gesellschaftlicher Arbeit wirklich. Abstrahierte man bei der Bestimmung der Freiheit von diesem gesellschaftlichen Prozeß, so wäre Freiheit in der Sphäre der intelligiblen Welt gebannt; der Zugang zur Freiheit läge allein im Denken. Der Mensch als sinnliches Wesen hätte zu ihr keinen Zugang; er würde als vernünftiges und sinnliches Wesen in die getrennten Sphären der empirischen und der intelligiblen Welt als zwei unvermittelbare getrennte zerfallen. Freiheit wäre nicht einmal Möglichkeit, weil sie keine gesellschaftliche Wirklichkeit erlangen könnte – und wäre so kaum mehr als ein Hirngespinst.

Arbeit als technisch-praktisches Vermögen der Person, eine Wirksamkeit in der Natur zu entfalten, ist das Vermittelnde zwischen sinnlicher und intelligibler Welt, indem die Zwecke einer Handlung gedacht werden, bevor sie im Material realisiert werden können. »*Wir unterstellen die Arbeit in einer Form, worin sie dem Menschen ausschließlich angehört. Eine Spinne verrichtet Operationen, die denen des Webers ähneln, und eine Biene beschämt durch den Bau ihrer Wachszellen manchen menschlichen Baumeister. Was aber von vornherein den schlechtesten Baumeister vor der besten Biene auszeichnet, ist, daß er die Zelle in seinem Kopf gebaut hat, bevor er sie in Wachs baut. Am Ende des Arbeitsprozesses kommt ein Resultat heraus, das beim Beginn desselben schon in der Vorstellung des Arbeiters, also schon ideell vorhanden war. Nicht daß er nur eine Formveränderung des Natürlichen bewirkt; er verwirklicht im Natürlichen zugleich seinen Zweck, den er weiß, der die Art und Weise seines Tuns als Gesetz bestimmt und dem er seinen Willen [hier: dem durch das Begehrungsvermögen bestimmten Willen] unterordnen muß.*«[237] Ohne den Prozeß der Arbeit gäbe es keine Vermittlung zwischen Sinnenwesen auf der einen und Vernunftwesen auf der anderen Seite. Der Prozeß der Verwirklichung der Befreiung von Naturzwängen wird durch bestimmte, zweckmäßige Tätigkeit vollzogen – durch Arbeit. »*Die Frage, ob dem menschlichen Denken gegenständliche Wahrheit zukomme, ist keine Frage der Theorie, sondern eine* praktische *Frage. In der Praxis muß der Mensch die Wahrheit, i. e. Wirklichkeit und Macht, Diesseitigkeit seines Den-*

---

237 Karl Marx, *Das Kapital, Kritik der politischen Ökonomie*, Erster Band (Marx-Engels-Werke Bd. 23), Berlin 1988, S. 193.

kens beweisen.«[238] Die Fähigkeit des Menschen, seinem gedachten Ideal eine praktische Wirkung auf die Wirklichkeit zu verschaffen, ist die Erläuterung dessen, was Kant die Persönlichkeit als Vermögen eines Wesens nennt; dies ist zugleich die abstrakte Fassung dessen, was Marx als gesellschaftliche Arbeit bestimmt.[239]

Soll Freiheit nicht bloß als Begriff gedacht, sondern in der Sinnenwelt wirklich sein, steht sie unter materiellen Bedingungen. Erst im Prozeß der Arbeit ist die Freiheit materiell zu erlangen; die Produkte der Arbeit, als Vergegenständlichungen von Kausalität aus Freiheit, sind zugleich materielle Bedingungen für die Freiheit der Subjekte.[240] Das Reich der Freiheit beginnt jenseits des Reiches der Notwendigkeit[241] mit der Verkürzung des Arbeitstages. Notwendige, aber nicht hinreichende Voraussetzung der Freiheit ist ein Mehrprodukt, das den Menschen als Naturwesen von der täglich drohenden Not um die eigene Reproduktion zumindest zeitweise freisetzt und darüber hinaus seine Bedürfnisse so gut wie möglich befriedigt. Arbeit ist die Gestalt von Kausalität aus Freiheit in der gesellschaftlichen Wirklichkeit. Im »Mehrprodukt« (Marx) vergegenständlicht sich das »Vermögen eines Wesens« (Kant). Hierin besteht die partielle Selbständigkeit gegenüber den Naturzwängen. Menschen können sich als Naturwesen nur bis zu einem gewissen Grad aus Naturzusammenhängen befreien, da sie immer auf einen Stoffwechsel mit der Natur angewiesen bleiben. Gerade deswegen eröffnet die Kenntnis der Naturprozesse und die ihren Zwecken gemäße Bearbeitung des Naturmaterials den Menschen ein Reich der Freiheit. Doch bis zu welchem Ausmaß eine solche Befreiung den Menschen möglich ist, läßt sich nicht angeben, da jede durch Steigerung der Produktivkraft überschrittene Grenze dem endlichen Sinnenwesen eine neue zu überschreitende aufzeigt.[242]

Das Reich der Freiheit ist die Vorstellung der Menschheit unter Bedingungen der Freiheit, als »Verein freier Menschen« (Marx). Dieses Ideal der Ver-

---

238 Karl Marx, Marx-Engels-Werke Bd. 3, Berlin 1988, *Thesen über Feuerbach,* S. 5.
239 Die Hypostasierung des freien Menschen unter Auslassung des Prozesses der Arbeit zur Verwirklichung seiner Freiheit ist dagegen die Bestimmung des bürgerlichen Rechtssubjekts, wie Hegel sie in der Rechtsphilosophie anführt.
240 Von denen die Produzenten im Kapitalismus getrennt bleiben, da sie keine Verfügung über die Produktionsmittel haben, wodurch den Lohnarbeitern der unmittelbare Zugriff auf ihre Produkte verwehrt bleibt.
241 vgl. Marx, MEW Bd. 25, S. 828 und *Grundrisse der Kritik der politischen Ökonomie,* S. 595 f sowie Kant, *Kritik der reinen Vernunft,* 3. Antinomie (B 472 ff).
242 Dies gilt nur für die sukzessive Befreiung vom Mechanismus der ganzen Natur, nicht für die Befreiung von Herrschaft, die vollständig möglich ist.

nunft gründet als zu verwirklichendes auf dem moralischen Gesetz, der Sittlichkeit, und dem Mehrprodukt als materieller Voraussetzung der Glückseligkeit. Die sinnlichen Bedürfnisse Einzelner können, aber müssen sich nicht notwendig wechselseitig ausschließen. Unter Bedingungen der Sittlichkeit dürfen die einzelnen Bedürfnisse nicht gegeneinander stehen; die sinnlichen Bedürfnisse der Menschen müssen befriedigt und mit der Vernunft in ein Verhältnis gebracht, nicht umgekehrt die Vernunft zum bloßen Mittel der Bedürfnisbefriedigung degradiert werden. Hierdurch ist eine logische Reihenfolge gegeben, in der die Sittlichkeit der Glückseligkeit vorhergeht. Der Begriff der Freiheit muß so notwendig als auf das Kollektiv aller Menschen bezogen gedacht werden, als gesellschaftliche Freiheit.

Bei Kant werden vernünftige Einsicht und freies Handeln im Resultat gleichgesetzt. Der Wille ist bei Kant der Inbegriff von Freiheit, das Vermögen zu handeln. Der reine Wille, der deckungsgleich mit der reinen praktischen Vernunft ist, ist eine Abstraktion. Wie diese Abstraktion sich mit den empirischen Willen vermittelt, bleibt unklar. Ein Wille, der sich nur auf das moralische Gesetz richtete, würde in diesem verharren und könnte somit keine Handlungen begründen. Zu einer Handlung bedarf es immer des äußeren Materials der Natur als desjenigen, das behandelt wird. Freiheit als gesellschaftliche Freiheit gedacht läßt sich nur in der bestimmten Negation der konkreten Unfreiheit fassen.[243] Die Unfreiheit eines Menschen bezeichnet immer einen Mangel, den es aufzuheben gilt, da das Ideal der Menschheit beinhaltet, daß der Mensch frei sein soll. Daß die Vermittlung zwischen der Freiheit des reinen Willens und den empirischen Menschen nur über repressive Begriffe möglich ist, also kategorischer Imperativ, Nötigung, Pflicht, Gesetz, hat seinen Grund darin, daß Menschen zwar der Möglichkeit nach frei sind, doch zugleich unter konkreten gesellschaftlichen Verhältnissen der Unfreiheit stehen sowie als Sinnenwesen der Naturkausalität unterworfen sind. Die empirischen Menschen sind also nicht bloß Freie, sondern auch Bedingte. Ein Heraustreten aus dieser Bedingtheit hat den Charakter der Unterwerfung unter die Freiheit. Darum ist, wie Kant schreibt, die Person der Persönlichkeit unterworfen, also der empirische dem intelligiblen Charakter unterworfen.[244] »*Eine*

---

243 Vgl. Theodor W. Adorno, *Negative Dialektik*, Frankfurt an Main 1997, S. 230.
244 Daß das Vermittelnde zwischen Freiheit und Person die Pflicht ist, liegt also in einem Problem der Sache selbst begründet und nicht – wie Adorno in der Negativen Dialektik auf Seite 231 vermutet – darin, daß die Person Immanuel Kant die Freiheit ohne Zwang nicht ertragen könne.

Verfassung von der größten menschlichen Freiheit *nach Gesetzen, welche machen, daß jedes Freiheit mit der andern ihrer zusammen bestehen kann (nicht von der größesten Glückseligkeit, denn diese wird schon von selbst folgen), ist doch wenigstens eine notwendige Idee«.*²⁴⁵

Es ist dies die Idee einer moralischen Welt.

Die moralische Welt

Vernunft hat Kausalität aus Freiheit (nicht jedoch nach Gesetzen der Natur), indem moralische Vernunftprinzipien freie Handlungen hervorbringen können. »*Demnach haben die Prinzipien der reinen Vernunft, in ihrem praktischen, namentlich dem moralischen Gebrauche, objektive Realität.*«²⁴⁶ Jedes Urteil über das Leben der Menschen unter gegebenen gesellschaftlichen Verhältnissen muß notwendig an der Idee der Menschheitswürde gemessen werden. Ein solches Urteil ist ein moralisches Urteil, die wirkliche Welt hat das Maß zu ihrer Beurteilung an der moralischen Welt. »*Ich nenne die Welt, so fern sie allen sittlichen Gesetzen gemäß wäre (wie sie es denn, nach der Freiheit der vernünftigen Wesen, sein kann, und, nach den notwendigen Gesetzen der Sittlichkeit, sein soll), eine moralische Welt. [... Diese ist] eine bloße, doch praktische Idee, die wirklich ihren Einfluß auf die Sinnenwelt haben kann und soll, um sie dieser Idee so viel als möglich gemäß zu machen.*«²⁴⁷ Die Welt kann und soll also der Idee der praktischen Vernunft gemäß gemacht werden, sie wird es aber nicht von selbst. Es gibt kein Naturgesetz noch sonst eine Gesetzmäßigkeit des historischen Weltlaufes, welche die Welt in diese Richtung zwänge. Allein aus Freiheit kann sie von Menschen durch ihre Handlungen, d. h. durch gesellschaftlich geteilte Arbeit unter Bedingungen der Freiheit,²⁴⁸ in der die Menschen sich als freie Subjekte aufeinander beziehen und sich wechselseitig zugleich sowohl Mittel wie Zwecke sind, der Idee gemäß werden und soll dies auch, nach dem moralischen Gesetz der Vernunft. Daß die empirische Welt der moralischen »so viel als

---

245 Kant, *Kritik der reinen Vernunft*, a. a. O., B 373.
246 A. a. O., B 836.
247 Ebd.
248 Wenn, wie Hegel es im »System der Bedürfnisse« (Enzyklopädie § 524 ff) darstellt, aus der gesellschaftlichen Teilung der Arbeit verschiedene Stände folgen, ist dies eine Arbeitsteilung unter Bedingungen der Herrschaft, nicht unter Bedingungen der Freiheit.

möglich gemäß« gemacht werden soll, impliziert einen Prozeß der permanenten Annäherung, wobei das Ideal nach Kant niemals vollständig zu erreichen sei. Was in bezug auf die Befreiung der Menschen als Naturwesen vom Naturmechanismus gilt, kann jedoch bezogen auf die Herrschaft, durch welche Menschen einander zu bloßen Mitteln machen, keine Geltung haben. Eine gänzlich glückselige Welt kann es nicht geben,[249] wohl aber eine, die frei von Herrschaftsverhältnissen ist.

Im Verhältnis der Annäherung der empirischen an die moralische Welt ist das, was angenähert wird, und das, dem angenähert wird, unterschieden. Es stellt sich die Frage der Vermittlung zwischen Empirie und Vernunftidee. Freiheit ist nur als Idee bestimmbar, es gibt eine Kausalität aus Freiheit, die negativ gegen die Kausalität nach Gesetzen der Natur bestimmt ist. Nur aus Freiheit kann der Mensch seinen Willen bestimmen und ist in seinem Handeln nicht determiniert. Diese Idee der Freiheit ist bestimmend, nicht regulativ, sondern verfassend, also konstitutiv für den Willen. Unabhängig von der empirischen Erfahrung[250] »*ist die Idee doch ganz richtig, welche dieses Maximum zum Urbilde aufstellt, um nach demselben die gesetzliche Verfassung der Menschen der möglich größten Vollkommenheit immer näher zu bringen. Denn welches der höchste Grad sein mag, bei welchem die Menschheit stehen bleiben müsse, und wie groß also die Kluft, die zwischen der Idee und ihrer Ausführung notwendig übrig bleibt, sein möge, das kann und soll niemand bestimmen, eben darum, weil es Freiheit ist, welche jede angegebene Grenze übersteigen kann.*«[251] Der Abstand von der Idee zur divergenten Realität ist, da nicht empirisch, nicht zu bestimmen. Aus Freiheit kann die Annäherung[252] an die Idee immer real werden. Die Wahrheit der Idee ist nicht (wie bei Plato) fixiert, sondern besteht in dem Prozeß der Verwirklichung der Idee. Die transzendentale Idee ist dasjenige, was als Ziel des Prozesses diesen dirigiert. Sie ist kein weit entfernter, unerreichbarer Fixpunkt – aber sie ist auch kein nah gelegener, erreichbarer Punkt in der Welt. Dementsprechend ist die Menschheitswürde kein Jenseitiges, sondern ein durch die Persönlichkeit zu Verwirklichendes, an dem ein ideelles Moment ist, auf welches der Verwirk-

---

249 Vgl. Unterkapitel *Das höchste Gut.*
250 Die Erfahrung wird, insbesondere nach dem Zerfall des realexistierenden Sozialismus, häufig zur Widerlegung der Möglichkeit einer befreiten Gesellschaft angeführt.
251 A. a. O., B 373 f.
252 Von der Konnotation, daß es hierbei um die Verringerung eines räumlichen Abstandes ginge, muß abstrahiert werden.

lichungsprozeß gerichtet werden kann. Die Grenze zwischen transzendentalem Ideal und Realität können Menschen als Subjekte mit Freiheitsvermögen jederzeit überschreiten.

Die Hoffnung auf diese moralische Welt ist die notwendige Triebfeder dieses Prozesses. »*Ohne [...] gehoffte Welt, sind die herrlichen Ideen der Sittlichkeit zwar Gegenstände des Beifalls und der Bewunderung, aber nicht Triebfedern des Vorsatzes und der Ausübung, weil sie nicht den ganzen Zweck, der einem jeden vernünftigen Wesen natürlich und durch eben dieselbe reine Vernunft a priori bestimmt und notwendig ist, erfüllen.*«[253] Ohne die Hoffnung darauf, daß das Ideal der Menschheit im Prozeß der gesellschaftlichen Arbeit Wirklichkeit werden kann und soll, wäre dieses Ideal ein bloß ästhetisches, das wie ein Kunstwerk Bewunderung, aber keine Handlungen hervorzurufen vermöchte. Es kann keinen äußeren Zwang zur Freiheit und zur Moralität geben, weil dies dem Begriff der Autonomie widerspricht. Zwar können Menschen zu pflichtgemäßen Handlungen gezwungen werden, doch sind diese Handlungen niemals moralisch, weil ihr Grund nicht in der Vernunft liegt, sondern in der Gewalt. Ohne Triebfeder, d. i. ohne Hoffnung, wäre die Moral niemals praktisch, sondern bloße Poesie;[254] diese Hoffnung erweist sich jedoch als notwendig, weil sie a priori aus dem Begriff eines vernünftigen Sinnenwesens ableitbar ist. Daß eine Welt, die in Einheit von Sittlichkeit und Glückseligkeit dem Menschen gemäß ist, als Ideal nur dann Realität hat, wenn sie durch den Menschen real gemacht wird, klingt nach einer self-fullfilling prophecy. Doch nur so, wenn dieses Ideal durch die Vernunft gesetzt wird und wenn mit dem Setzen des Ideals die Hoffnung auf die Verwirklichung des Ideals notwendig verknüpft ist, welche als Triebfeder für die Verwirklichung des Ideals wirkt, nur so ist der Verwirklichungsprozeß eines Ideellen, das nicht heteronom bestimmt sein kann, bestimmbar.

Es gibt keine Naturnotwendigkeit zur Verwirklichung dieses Ideals, aber eine Notwendigkeit aus Freiheit, d. i. eine moralische Notwendigkeit zur moralischen Welt (und zur Hoffnung auf die Realisierung dieser Welt), in der die Menschheit nicht nur dem Begriff nach, sondern auch real Zweck an sich selbst ist – in einem Reich der Zwecke.

---

253 A. a. O., B 841.
254 Als welche sie oft betrachtet wird unter Berufung auf eine Menschennatur, die sich mit Moral aus Freiheit nicht vereinen ließe, sondern gezwungen werden muß (von Hobbes – der Mensch ist dem Menschen ein Wolf – bis Szloterdijk – der Sprung zur Moralität muß genetisch erfolgen).

Das Reich der Zwecke

Die Idee der moralischen Welt faßt dem Umfang nach die gesamte Art *homo sapiens sapiens* unter eine Einheit, die nicht biologisch, sondern intelligibel begründet ist. »*Denn vernünftige Wesen stehen alle unter dem Gesetz, daß jedes derselben sich selbst und alle andere niemals bloß als Mittel, sondern jederzeit zugleich als Zweck an sich selbst behandeln solle. Hierdurch aber entspringt eine systematische Verbindung vernünftiger Wesen durch gemeinschaftliche objektive Gesetze, d. i. ein Reich, welches, weil diese Gesetze eben die Beziehung dieser Wesen auf einander, als Zwecke und Mittel, zur Absicht haben, ein Reich der Zwecke (freilich nur ein Ideal) heißen kann.*«[255] Das Reich der Zwecke ist nicht ein anderes Ideal als die moralische Welt, sondern dasselbe Ideal in einer anderen Hinsicht betrachtet. Während die moralische Welt zunächst ganz abstrakt in Unterscheidung zur empirischen Welt als rein intelligible Welt bestimmt ist, geht das Reich der Zwecke über bloße Intelligibilität hinaus, indem es ein Kollektiv freier Subjekte unterstellt; hier gibt es Zwecke – im Plural – als partikulare Ziele, nicht bloß das Sittengesetz als einzigen Bestimmungsgrund des Willens (z. B. eines Engels). Die partikularen Zwecke freier Subjekte sollen im Reich der Zwecke mit dem Sittengesetz vereinbar sein. So stellt die moralische Welt das dem intelligiblen Charakter des Menschen gemäße dar, während das Reich der Zwecke die Verbindung vernünftiger Sinnenwesen mit partikularen Zielen im Einklang mit dem Sittengesetz fokussiert. Dasselbe Ideal wird also betrachtet, einmal mit Blick auf die Gesellschaft, sofern sie dem moralischen Gesetz gemäß ist, das andere Mal mit Blick auf die in der Gesellschaft durch das Gesetz gestiftete Verbindung der empirischen Menschen. Diese zunächst rein intelligibel begründete Verbindung vermittelt sich den empirischen Menschen über die Pflicht, die sie gegeneinander haben. Diese Pflicht bezeichnet so das Verhältnis der vernünftigen Sinnenwesen zueinander, wie sie sich als Wesen mit Würde in einer moralischen Gesellschaft aufeinander beziehen. In der Pflicht gegeneinander wird so jeder Mensch auch als Zweck an sich selbst, als gesetzgebend, gedacht.

Als intelligible Wesen sind Menschen im Reich der Zwecke durch ihre Würde und die Pflicht, jedem Menschen seine Würde zuzuerkennen, aneinander gebunden. »*Pflicht beruht gar nicht auf Gefühlen, Antrieben und Nei-*

---

255 Kant, *Grundlegung zur Metaphysik der Sitten*, a. a. O., BA 74 f.

gungen, sondern bloß auf dem Verhältnisse vernünftiger Wesen zu einander, in welchem der Wille eines vernünftigen Wesens jederzeit zugleich als gesetzgebend betrachtet werden muß, weil es sie sonst nicht als Zweck an sich selbst denken könnte. Die Vernunft bezieht also jede Maxime des Willens als allgemein gesetzgebend auf jeden anderen Willen, und auch auf jede Handlung gegen sich selbst, und dies zwar nicht um irgend eines andern praktischen Bewegungsgrundes oder künftigen Vorteils willen, sondern aus der Idee der Würde eines vernünftigen Wesens, das keinem Gesetze gehorcht, als dem, das es zugleich selbst gibt.«[256] Der Mensch ist ein Wesen, dessen Anlagen sich nur im Prozeß der geschichtlichen Entwicklung der Art vollständig entfalten können. Er ist zum Leben in der Gesellschaft bestimmt, welches ein Leben nicht nur als Natur, sondern in Kultur bedeutet. In dieser Form tradiert sich das erlangte Wissen über die Generationen hinweg.[257] Der einzelne Mensch kann das aus der Freiheit entspringende Ideal der Menschheit nicht ohne Bezug auf die anderen seiner Art entfalten; verwirklicht werden kann das Ideal der Menschheit nur von der Art »Menschen« als ganzer, die alle Lebewesen mit intelligiblem und empirischem Charakter umfaßt. *»Am Menschen (als dem einzigen vernünftigen Geschöpf auf Erden) sollten sich diejenigen Naturanlagen, die auf den Gebrauch seiner Vernunft abgezielt sind, nur in der Gattung, nicht aber im Individuum vollständig entwickeln.«*[258] Daß der Mensch nur in der Ganzheit der Art seine vernunftgemäße Bestimmung aus Freiheit zu einem Reich der Zwecke erreichen kann, liegt daran, daß Menschen endlich sind und der gesellschaftliche Prozeß der Entwicklung auf die Tradierung des Wissens angewiesen ist; als der Arbeitsprozeß Einzelner droht der gesellschaftliche Prozeß fortwährend durch Altern und Tod unterbrochen zu werden. *»Der Gang der Menschengattung zur Erreichung ihrer ganzen Bestimmung scheint daher unaufhörlich unterbrochen und in continuierlicher Gefahr zu sein, in die alte [oder neue] Rohigkeit zurückzufallen;«*[259] Endliche Wesen können nur in der Arbeitsteilung ihrer Gesellschaft und der Akkumulation von Wissen, das über die Generationen tradiert wird,

---

256 A. a. O., BA 76 f.
257 Dieser Prozeß ist kein notwendig kontinuierlicher. Das Wissen kann erweitert werden, aber ebenso stagnieren oder hinter einen erreichten Stand zurückfallen. Neben dem tradierten Wissen beinhaltet die Kultur die Formen des gesellschaftlichen Zusammenlebens im weitesten Sinne von den Tischsitten bis zur Arbeitsteilung.
258 Kant, Werke Bd. 8, Berlin 1968, *Idee zu einer allgemeinen Geschichte in weltbürgerlicher Absicht*, S. 18.
259 Kant, Werke Bd. 8, a. a. O., *Muthmaßlicher Anfang der Menschengeschichte*, S. 117.

einen gesamtgesellschaftlichen Prozeß hin zu einer moralischen Welt vollbringen. Die Hoffnung auf eine Gesellschaft unter Bedingungen der Freiheit ist somit immer ein Hoffen für die ganze Art. Diese Hoffnung ist dabei nicht selbstlos, sondern im Gegenteil an das einzelne Subjekt geknüpft, da das eigene Glück von den gesellschaftlichen Verhältnissen abhängt.

Die moralische Welt oder das Reich der Zwecke läßt sich nur negativ, d. i. in bestimmter Negation gegen die empirische Welt und gegen die nicht weiter bestimmte Freiheit der Willkür in der Verfolgung beliebiger Zwecke bestimmen. Das Ideal der Menschheit bleibt so notwendig abstrakt, d. h. nicht positiv bestimmbar, und die konkreten Handlungen in dem Prozeß hin zu dieser moralischen Welt sind immer nur negativ als Handlungen gegen den Mangel der empirischen Welt zu fassen, also gegen die Herrschaft, gegen die Unfreiheit, dagegen, dem Mechanismus der Natur unterworfen zu sein. Das wirklich gewordene Ideal der Menschheit müßte notwendig als Positives gedacht und angenommen werden, im Prozeß seiner Verwirklichung kann es jedoch nur negativ bestimmt werden gegen den Mangel. »*Was einmal einer besseren Praxis obliegt und zuteil wird, kann Denken, der Warnung vorm Utopismus gemäß, jetzt und hier so wenig absehen, wie Praxis, ihrem eigenen Begriff nach, je in Erkenntnis aufgeht.*«[260] Alle positiven Utopien, in denen die konkrete Gestalt eines Reiches der Zwecke ausgemalt wird, haben etwas Falsches an sich, da sie den Mangel des Bestehenden zwangsläufig in anderer Form reproduzieren, weil sie sich zu ihrer Bestimmung negativ auf ihn beziehen müssen. Auch was »Zweck-an-sich-selbst-Sein« heißt, läßt sich nur negativ fassen, weil es sich nur darüber bestimmen läßt, nicht bloßes Mittel sein zu wollen.

Die Menschheit oder das Reich der Zwecke ist weder in der bestehenden Gesellschaft abgebildet noch eine bloße Utopie oder ein Phantasma, sondern das Ideal fordert – und zwar seinem Begriff nach – den Übergang zu einer wirklichen Allgemeinheit.

---

260 Adorno, *Negative Dialektik*, a. a. O., S. 243.

Die Verknüpfung von Material und Ideal

Die Würde des Menschen gründet in seinem intelligiblen Charakter, welcher auf das Ideal der Menschheit bezogen ist. Daß auch diejenigen Angehörigen der Art, die noch nicht, zeitweise nicht, nicht mehr oder niemals Vernunftvermögen haben, z. B. Embryonen, Säuglinge, Bewußtlose, Anenzephale, schwer Debile, usw., dennoch Teil an dem Ideal der Menschheit haben und also Wesen mit Würde sind, kann nur durch eine Verknüpfung des transzendentalen Ideals der Menschheit mit dem biologischem Material des menschlichen Organismus erklärt werden. Eine solche Verknüpfung kann keine kausale sein, da sich weder vom biologischen Material auf Freiheitsvermögen noch umgekehrt von diesem auf ein bestimmtes Material schließen läßt; sie muß vielmehr als Einheit gedacht werden, in der das eine sich nicht ohne das andere denken und bestimmen läßt.

Die spezifische Differenz

Die Bestimmung des Menschen als vernunftbegabtes Sinnenwesen ist der Form nach eine Definition, die Bestimmung einer Grenze, d. i. die Abgrenzung einer Art gegen eine andere Art unter einer Gattung: Die zu bestimmende Art »Mensch« wird durch die nächsthöhere Gattung »Sinnenwesen« und die sie besondernde Differenz, die spezifische Differenz der Vernunftbegabung, definiert. Diese Form der Definition unterscheidet den Menschen nicht von der Weise, in der Tierarten bestimmt werden. Eine biologische Ordnung in Arten (Taxonomie) hat zur Voraussetzung, daß die zu Ordnenden sich untereinander vergleichen und unterscheiden lassen. Vergleichen lassen sie sich, insofern sie sich auf dieselbe Gattung beziehen, welche die evolutionäre Verwandtschaft bezeichnet, d. h. in bezug auf die Gattung Sinnenwesen sind Menschen und alle Tiere einander gleich. Unterschieden sind sie durch ihre jeweilige spezifische Differenz; das artspezifische Kennzeichen, das den Menschen von seinen biologisch nächsten Verwandten, den Menschenaffen, trennt, ist seine Vernunftbegabung. In der taxonomischen Einordnung des Menschen in das System des Lebendigen wird Vernunft so auf die Funktion eines bloßen Merkmals reduziert, wie analog z. B. dasjenige Merkmal, das den Haussperling von anderen Webervögeln unterscheidet, ist: »*Kopf oben grau oder graubraun. Wangen weiß ohne schwarzen Fleck. Flügel mit 1 weißen Binde.«* [261]

Als spezifische Differenz des Menschen bestimmte Carl von Linné[262] 1760 Verstand und Vernunft. Auf diese Definition, die sich mit der klassisch philosophischen des animal rationale deckt, bezieht sich der folgende Text, auch wenn seither in der Biologie der Terminus Vernunft selten gebraucht wird, da diese keine materielle, eindeutig meßbare Eigenschaft eines Organismus ist. Statt dessen nennt die neuere Biologie *»den aufrechten Gang, den Gebrauch der Hände und [...] das hochdifferenzierte Gehirn«*[263] als hominide Merkmale. Hiermit ist der Unterschied insbesondere zu den Menschenaffen – aber auch zu anderen Tierarten – nur noch graduell, also quantitativ, zu fassen. Als Folge verschwimmt die substantielle Grenze zwischen Mensch und Tier mit wachsenden soziobiologischen Erkenntnissen in den letzten Jahrzehnten zusehends: *»Schon die recht einfach scheinende Frage, welche Merkmale und Eigenschaften überhaupt als menschlich (hominid) und welche als menschenäffisch (pongid) zu bezeichnen sind, ist kaum eindeutig zu beantworten.«*[264] Die Grenze zwischen Menschen und Menschenaffen scheint um so diffuser zu werden, desto genauer der Vergleich einzelner Merkmale beider betrieben wird. Denn für den Vergleich werden Verfahren entwickelt, mit denen sich dasjenige messen läßt, was gleich ist, womit die so gemessene Differenz dann keine grundsätzliche ist, sondern ein mehr oder weniger. Lehrt man etwa Menschenkinder, Orang-Utans, Delphine und Ziegen bestimmte Symbole Gegenständen zuzuordnen, läßt sich feststellen, daß alle Gruppen prinzipiell die Fähigkeit hierzu haben, die sich nur im Grad (in der Anzahl des Erlernten und in der Lerngeschwindigkeit) unterscheidet. Wird dieses nun wissenschaftlich als graduell unterschiedene Fähigkeit zum Denken gedeutet, ist Denken selbst auf einen Reiz-Reaktionsprozeß reduziert.

Daß das Stellen einer solchen Lernaufgabe substantiell von ihrer Ausführung unterschieden ist und es nur Exemplare einer Art sind, die sich und anderen solche Aufgaben überhaupt stellen können – also reflexiv sind –, fällt aus einer solchen Untersuchung notwendig heraus, da hierin kein Vergleich anzustellen ist. Nimmt man jedoch nicht die ideelle Fähigkeit der reflexiven

---

261 Schaefer & Brohmer, *Fauna von Deutschland*, Heidelberg, Wiesbaden, 1994, S. 623.
262 Begründer der modernen Taxonomie.
263 *Fachlexikon ABC Biologie*, Frankfurt am Main 1996, Eintrag *Mensch*.
264 *Grzimeks Tierleben*, Bd. XI, Zürich 1969, Eintrag *Der Mensch und seine Herkunft*, S. 50.

Vernunft, sondern ein materiell identifizierbares Merkmal als spezifische Differenz an, bleiben nur der aufrechte Gang des Menschen, dem das Knochengerüst dieser Spezies angepaßt ist, sowie die organischen Voraussetzungen zur Lautsprache. Statt der spezifischen Differenz, die den Gegenstandsbereich der Biologie übersteigt, werden so Propria[265] des Menschen bemüht, um seine taxonomische Stellung im System des Lebendigen zu bestimmen. So heißt es im Brockhaus von 2002: »*Das für den Menschen spezifische Merkmal ist der aufrechte Gang, bei dem im Unterschied zu anderen zweifüßigen Arten der Rumpf senkrecht gehalten und die Kniegelenke mehr oder weniger gestreckt werden.* [...] *Der Schädel des Menschen zeigt im Vergleich zu nicht menschlichen Primaten eine deutliche Volumenzunahme, die v. a. durch das Zurückweichen des Gesichtsschädels unter den Hirnschädel ermöglicht wird. Hierdurch wird dem relativ großen Gehirn des Menschen Platz geboten; jedoch ist weder die absolute noch die relative (im Vergleich zur Körpergröße) Gehirngröße des Menschen einmalig und besonders; kennzeichnend für ihn ist jedoch die im Vergleich extreme Ausdehnung der Großhirnrinde durch Faltung.* [...] *Insgesamt unterscheiden sich die Eiweiße und damit die entsprechende Erbsubstanz von Menschen und afrikanischen Menschenaffen in weniger als 1 %.* [...] *Ebenso* [*wie* »*einfache Schlüsse und Urteile*« *und Emotionen*] *können* [*beim Menschenaffen*] *Vorstufen einer Ichvorstellung und sogar von ästhetischem Empfinden festgestellt werden. Dies zeigt, dass die geistige und körperliche Entwicklung zum Menschen offenbar allmählich erfolgte und es somit oft schwierig ist, eine klare Grenze zwischen Mensch und Tier zu ziehen. Was den Menschen prinzipiell vom Menschenaffen unterscheidet, ist die Sprachmotorik; den Affen fehlt das Broca-Sprachzentrum, Kehlkopf und Stimmbänder besitzen keine zum Sprechen geeignete Struktur.* [... *D*]*ie Entstehung der motorischen Sprachregion* [*ermöglichte*] *die Verständigung, abstraktes Denken und kulturelle Fortentwicklung durch Tradierung.*«[266] In der Fixierung auf naturwissenschaftlich meßbare Vorgänge wird hier ein falsches Kausalverhältnis von Sprachzentrum und Denken unterstellt. Die Schwierigkeit der modernen Biologie, die spezifische Differenz des Menschen als Vernunftbegabung anzugeben, liegt gerade darin, daß Vernunft (oder auch »abstraktes Denken«) sich nicht hinreichend aus biologischem Material erklären läßt. »*Die tiefsten Ursachen der psychischen und intellektuellen Fähigkei-*

---

265 Zum Verhältnis von Proprium und spezifischer Differenz vgl. Unterkapitel *Das Wesen des Menschen.*
266 *Brockhaus,* Mannheim 2002, Eintrag *Mensch.*

ten des heutigen Menschen sowie seiner ältesten Vorfahren sind geistiger Natur und entgehen damit der [natur-] wissenschaftlichen Forschung. Der Versuch, Intelligenz und Kultur mit rein biologischen Faktoren zu erklären, würde bedeuten, die transzendentale Natur des Menschen im Vergleich zu den anderen Wesen zu leugnen«.[267] Vernunft läßt sich nicht allein aus biologischem Material erklären. Zwar muß sie nach heutigem Wissen als verknüpft mit einem vielfach gefalteten Vorderhirn und komplexen neuronalen Verbindungen angenommen werden, doch folgt sie nicht kausal aus diesen, da sie etwas substantiell anderes ist: ein Immaterielles. Freiheit läßt sich aus keinem biochemischen Prozeß hinreichend begründen. Da sie dem Menschen als einziger Spezies eigen ist, wird im Folgenden die Vernunftbegabung als spezifische Differenz des Menschen betrachtet, auch wenn dies vom heutigen Stand der Naturwissenschaft aus antiquiert erscheinen mag – doch der aktuelle Forschungsstand ist nicht zwangsläufig auch der avancierteste.

Es gibt Menschen, denen notwendige materiale Bedingungen des Vernunftvermögens fehlen, also einzelne Exemplare der Art, die keine Vernunftbegabung besitzen. Dennoch lassen sie sich biologisch zweifelsfrei ihrer Art zuordnen, da eine Art nicht bloß die Summe aller Exemplare mit bestimmten Merkmalen bezeichnet, sondern darüber hinaus eine Fortpflanzungsgemeinschaft, zu der alle Nachkommen gehören.[268] Daß Menschen als von Menschen gezeugte immer Menschen sind, ungeachtet ihrer individuellen Privationen, ist heutzutage biologisch unbestritten. Doch die spezifische Differenz der Vernunftbegabung besondert die Art Mensch nicht bloß von anderen Sinnenwesen, sondern bezeichnet eine andere Eigenschaft als die biologischen Merkmale, über die verschiedene Tierarten spezifiziert werden. Die Vernunftbegabung ist selbst kein bloß biologisches Merkmal, wie etwa eine weiße Binde auf dem Flügel, sondern ein Intelligibles, das mit einem Materiellen verbunden, jedoch nicht identisch ist. Die Begabung zur Vernunft hängt am Material der Gehirnmasse, welches ihre notwendige, aber nicht hinreichende Bedingung ist. Wenn diese fehlt oder schwer beschädigt wurde, wird der Erfahrung nach auch keine aktuelle Vernunft dieses Menschen jemals möglich sein. Aber diese Privation läßt sich nur als solche erkennen, wenn der Zweck der Vernunft in diesem Wesen vorausgesetzt ist, denn Menschen können nur bezo-

---

267 Fiorenzo Facchini, *Der Mensch*, Augsburg 1991, S. 185.
268 Da es in menschlicher Obhut zu fortpflanzungsfähigen Hybriden verschiedener Arten kommen kann – etwa von Löwe und Tiger – ist auch dieses Kriterium kein eindeutiges.

gen auf ihren intelligiblen Charakter, der als ihr Zweck angenommen werden muß, bestimmt werden. So wird jeder Mensch auf die allgemeine Vernunft, welche die Art bestimmt, bezogen gedacht, auch wenn einzelnen Exemplaren das individuelle Vernunftvermögen fehlt.

Organismen lassen sich nur teleologisch erkennen

Der menschliche Embryo ist vom tierischen Embryo durch die Basenfolge in seiner DNA unterschieden, woraus Varianzen in den produzierten Aminosäuren und damit in der Art der ihn bestimmenden biochemischen Prozesse resultieren. Wäre der Mensch als bloßes Resultat dieser Prozesse bestimmt, wäre er durch einen Naturgesetzen folgenden Vorgang selbst vollständig determiniert. Freiheit als dem Menschen zukommendes Vermögen kann aus einem solchen biochemisch determinierten Prozeß niemals kausal entspringen. Und mehr noch: Kein einziger biologischer Organismus läßt sich vollständig durch das Prinzip der ihn bestimmenden biochemischen Prozesse begreifen. »*Es ist nämlich ganz gewiß, daß wir die organisierten Wesen und deren innere Möglichkeit nach bloß mechanischen Prinzipien der Natur nicht einmal zureichend kennen lernen, viel weniger uns erklären können; und zwar so gewiß, daß man dreist sagen kann, es ist für Menschen ungereimt, auch nur einen solchen Anschlag zu fassen, oder zu hoffen, daß noch etwa dereinst ein Newton aufstehen könne, der auch nur die Erzeugung eines Grashalms nach Naturgesetzen, die keine Absicht geordnet hat, begreiflich machen werde*«.[269] D. h. das innere Prinzip (gedacht als die Absicht), das die biochemischen Prozesse dergestalt auf einen Zweck hin ordnet, daß Grashalme oder Menschen entstehen, entzieht sich einem Wissen, das sich auf die Kenntnis der biochemischen Prozesse beschränkt.[270] Zwar können Prinzipien, die für die Naturwissenschaften bestimmend sind, angegeben werden, doch machen diese das teleologische Prinzip niemals entbehrlich. Selbst wenn wir annehmen, daß alle biochemischen Gesetze der Erzeugung eines Organismus im Fortgang der Molekularbiologie erkannt werden können, er-

---

269 Kant, *Kritik der Urteilskraft*, a. a. O., S. 265.
270 Auch die rasant fortschreitende Molekularbiologie kann nicht mehr als festzustellen, daß alle entwicklungsbiologischen Prozesse zweckmäßig dergestalt aufeinander bezogen sind, daß sie in einem lebensfähigen Organismus resultieren. Ein dahinterliegendes ordnendes Prinzip muß sie annehmen, kann sie jedoch nicht finden.

setzt dieses Wissen nicht die zum Begreifen des Organismus notwendige Annahme eines hiervon verschiedenen Erzeugungsgrundes: der Kausalität der Zwecke als die Möglichkeit eines solchen Organismus. Dieses Prinzip der Zweckmäßigkeit ist keine Eigenschaft der Organismen, sondern ein apriorisches Prinzip der Vernunft, das es erst ermöglicht, einen Organismus als in sich zweckmäßig organisierte Materie zu erkennen; dieses Vernunftprinzip gibt der Biologie erst ihre Gegenstände und ist ihr so logisch immer vorgeordnet. Die Erzeugung eines Organismus ist nicht aus biochemischen Gesetzen zu verstehen, da sich keine naturgesetzliche Notwendigkeit für die Entstehung von Lebewesen angeben läßt. Ihre Entwicklung muß sich gemäß erkennbaren Naturgesetzen vollziehen, aber sie haben hierin keinen hinreichenden Erzeugungsgrund.[271] Auch dies unterscheidet den Menschen nicht vom Tier, sondern zeigt nur negativ, daß der Begriff des Menschen nicht über seine DNA-Struktur oder die Kenntnis der biochemischen Prozesse seiner Entstehung und Entwicklung zu bilden ist – so wenig, wie der jedes anderen Lebewesens. Die Bestimmung des Begriffs eines jeden Organismus muß also über die biologische Bestimmung hinausgehen zur Metaphysik des Zwecks.

In der Systematik der Biologie sind kausale Erklärungen und teleologische Bestimmungen dergestalt vereint, daß bei der Erzeugung eines Organismus auf kausale Gründe zurückgegriffen werden muß und zugleich die Zweckmäßigkeit des Organismus nicht anders als durch eine Absicht, d. i. einen durch Vernunft gesetzten Zweck, erklärt werden kann. Wird ein Begriff von einem Gegenstand als Naturzweck gebildet, heißt dies, die Natur unter eine Kausalität nach Absichten zu fassen, die nur durch die Vernunft zu denken ist. Über den Gegenstand der Erfahrung wird so nach einem Prinzip der Vernunft geurteilt, das zugleich als Prinzip des Gegenstandes angenommen werden muß. Die reflektierende Urteilskraft enthält ein apriorisches Prinzip, nach welchem sie die Idee des Zweckes der Beurteilung des gegebenen Organismus voraussetzt. Dadurch gibt sie nicht der Natur ein Gesetz und nimmt auch kein Gesetz der Natur bloß auf, sondern sie gibt sich selbst ein Gesetz, durch welches der Mensch die belebte Natur erst denken und verstehen kann, nämlich nicht anders als für uns (und damit in sich[272]) zweckmäßig. Dieser Begriff einer Kausalität der Natur nach der Regel der Zwecke ist als subjektiver problema-

---

271 Vgl. a. a. O., § 77.
272 Bei Hegel stellt sich dieses Verhältnis umgekehrt dar: Die Organismen seien in sich zweckmäßig und damit für uns. Vgl. G.W.F. Hegel, Werke Bd. 9, *Enzyklopädie der philosophischen Wissenschaften*, Frankfurt am Main 1986, § 247.

tisch und kann im Gegensatz zum Begriff der Kausalität nach Naturgesetzen niemals objektiv sein. Doch ist dieses Prinzip für das menschliche Erkenntnisvermögen notwendig, »*als ob es ein objektives Prinzip wäre.*«[273] Es muß angenommen werden, da die Organisation eines Organismus sowie die der Organismen untereinander nur als in sich zweckmäßige verstanden werden kann.

Ein Organismus läßt sich nur begreifen als ein System von Endursachen, also ein organisiertes Lebewesen als eine Materie, in der alles wechselseitig als Zweck und Mittel aufeinander bezogen ist.[274] Ein solches System kann von der menschlichen Vernunft nur teleologisch, nicht physisch-mechanisch erklärt werden. »*Es mag immer sein, daß z. B. in einem tierischen Körper manche Teile als Konkretionen nach bloß mechanischen Gesetzen begriffen werden könnten (als Häute, Knochen, Haare). Doch muß die Ursache, welche die dazu schickliche Materie herbeischafft, diese so modifiziert, formt und an ihren gehörigen Stellen absetzt, immer teleologisch beurteilt werden, so daß alles in ihm als organisiert betrachtet werden muß, und alles auch in gewisser Beziehung auf das Ding wiederum Organ ist.*«[275] Organismen werden durch die Zweckidee bestimmt. Der Organismus wird von der reflektierenden Urteilskraft gefaßt als einem zwecksetzenden Prinzip und einer zweckmäßigen Gestalt unterworfen. Diese Zweckidee hat in bezug auf die Natur eine bloß regulative Bedeutung, d. h. sie dient im Zusammenhang der Erfahrungen der Herstellung einer systematischen Ordnung. Anders als zweckmäßig läßt ein Organismus sich nicht denken, denn anders wäre er nicht lebensfähig. Der Gebrauch des teleologischen Prinzips ist in Ansehung der Natur jederzeit empirisch bedingt, da sich a priori nicht einsehen läßt, daß es in der Natur Zwecke geben müsse. D. h. nur am Gegenstand selber läßt sich empirisch feststellen, daß er sich nicht anders denken läßt als über das apriorische Prinzip der Zweckmäßigkeit: als in sich zweckmäßiger Gegenstand.

Das Reden von einer Absicht der Natur, welche der langsamen Schildkröte einen Panzer zum Schutz gab und den hungrigen Adler lehrte, diesen Panzer zu brechen, kann nur als eine Analogie verstanden werden, da Natur zugleich nicht als vernünftiges Subjekt erscheint, es also keinen Grund gibt, sie als ein

---

273 Kant, *Kritik der Urteilskraft*, a. a. O., S. 270.
274 Eine lebende Materie nennt Kant auch eine Contradictio in adiecto, da das dirigierende Prinzip des Lebens stets immateriell sei (vgl. R. Eisler, *Kant Lexikon*, Hildesheim, Zürich, New York, 1994, S. 327 f). Anderseits kann das Leben an nichts anderem sein oder an nichts anderem wahrgenommen werden als an einer Materie. Es ist so als ein immaterielles Prinzip zu denken, das eine Materie belebt, indem es sie organisiert.
275 A. a. O., S. 240.

solches (oder ein anderes solches) anzunehmen. Der innere Zweck der lebenden Form ist also ein Zweck der Organisation, dessen letzte Ursache sich der menschlichen Vernunft verschließt, die aber angenommen werden muß als eine, die nicht erkannt werden kann. Da die Natur nicht als ein vernünftiges Subjekt anzunehmen ist, ist jeder Organismus »*aus sich selbst zweckmäßig, aber ohne Zweck und Absicht, die in ihm oder seiner Ursache lägen*«.[276]

Auch der menschliche Organismus kann nicht anders als in sich selbst zweckmäßig ohne Zweck begriffen werden. Doch läßt sich, im Gegensatz zu anderen Lebewesen, über seine bloße organische Zweckmäßigkeit kein adäquater Begriff des Menschen bilden. Was ihn von anderen Lebewesen unterscheidet ist, daß der Mensch den teleologischen Zweckbegriff als unbedingten Reflexionsbegriff durch Spekulation bildet, mit dem er alle Organismen nicht bloß sinnlich wahrnehmen, sondern erkennen kann. Hiermit kommt Menschen eine substantiell andere Zweckmäßigkeit zu: die Freiheit eines reflexiven Wesens, das Zweck an sich selbst ist. Während das Erkennen der Zweckmäßigkeit im organisierten Material Erfahrung braucht, ist Freiheit nicht empirisch zu erkennen, sondern nur a priori aus der Vernunft heraus. Die Definition des Menschen kann sich also nicht in Merkmalen erschöpfen, sondern muß zugleich die Seite der Idee enthalten: vernunftbegabtes Sinnenwesen. Damit ist der menschliche Organismus nicht nur in sich zweckmäßig, sondern darüber hinaus Zweck an sich selbst. Ein endliches Vernunftwesen ist nicht anders denkbar denn als sinnliches Vernunftwesen, d. i. ein Vernunftwesen mit Körper. Der Körper als der Organismus dieses Wesens ist nicht anders als zweckmäßig zu denken. Dieser Zweck ist bei dem Körper eines Vernunftwesens stets auch auf die Ausbildung des Vernunftvermögens und damit auf den intelligiblen Charakter gerichtet. Mithin läßt ein menschlicher Organismus sich nicht ohne intelligiblen Zweck, den Zweck der Vernunftbegabung des Menschen denken. Über diesen intelligiblen Zweck ist der menschliche Organismus stets auf die allgemeine Vernunft und somit auf das Ideal der Menschheit bezogen. Ein solcher Organismus ist so immer ein Gegenstand der Würde und der Achtung und zwar unabhängig vom Entwicklungsstadium und unabhängig von Privationen. So läßt sich die menschliche Zygote nicht anders als mit dem Zweck des Vernunftwesens, Zweck an sich selbst zu sein, denken. Denn um eine befruchtete Eizelle überhaupt als menschliche erkennen zu können,

---

276 Immanuel Kant, Werke Bd. 8, a. a. O., *Über den Gebrauch teleologischer Principien in der Philosophie*, S. 181.

muß das, was Mensch ist, jederzeit mitgedacht werden; was Mensch ist, enthält jederzeit ein Intelligibles und ist hierüber auf das Ideal der Menschheit bezogen, weshalb es nicht ohne Würde zu denken ist.

Als zu der Art »Mensch« im biologischen Sinne gehörig läßt sich der menschliche Embryo einwandfrei identifizieren, dadurch daß er aus Menschen hervorgeht, daß er Gezeugtes von Menschen ist und entsprechend seine DNA nur minimal von derjenigen anderer Menschen abweicht. Menschen sind, wie alle Tierarten, eine Fortpflanzungsgemeinschaft, d. h. die Art reproduziert sich, indem sich die Individuen sexuell aufeinander beziehen. Das Produkt ist immer ein Mensch.[277] Doch als solcher ist er a priori bestimmt durch den Zweck, vernunftbegabtes Wesen zu sein, ein Wesen mit Freiheitsvermögen. *»Denn da das Erzeugte eine Person ist, und es unmöglich ist, sich von der Erzeugung eines mit Freiheit begabten Wesens durch eine physische Operation einen Begriff zu machen: so ist es eine in praktischer Hinsicht ganz richtige und auch nothwendige Idee, den Act der Zeugung als einen solchen anzusehen, wodurch wir eine Person ohne ihre Einwilligung auf die Welt gesetzt und eigenmächtig in sie herüber gebracht haben; für welche That auf den Eltern nun auch eine Verbindlichkeit haftet, sie, soviel in ihren Kräften ist, mit diesem ihrem Zustande zufrieden zu machen. Sie können ihr Kind nicht gleichsam [...] als ihr Eigenthum zerstören, [...] weil an ihm nicht bloß ein Weltwesen, sondern auch ein Weltbürger in einen Zustand herübergezogen, der ihnen nun auch nach Rechtsbegriffen [des moralischen Gesetzes, nicht notwendig des Staates] nicht gleichgültig sein kann.«*[278] Die Befruchtung der Eizelle ist der diskrete Punkt der Entstehung eines Menschen, von dem aus er sich kontinuierlich entwickelt. Der sich entwickelnde Embryo kann unter keinem Zweck gedacht werden, als dem des Menschen als vernunftbegabten Sinnenwesens, das auf das Ideal der Menschheit bezogen ist. Dieser Zweck der Freiheit kann sich als immaterieller nicht erst mit dem organischen Material entwickeln, sondern er muß im Menschen jederzeit vorausgesetzt werden. Dies gilt nicht für die Eizelle oder die Samenzelle, die zwar notwendige Bedingungen für die Entstehung eines Menschen sind, aber nicht seinen Naturzweck

---

277 Hiermit können keine evolutionären Entwicklungen begründet werden. Doch der Widerspruch von Artkonstanz und Artvarianz kann im Rahmen dieser Arbeit nicht behandelt werden. (Vgl. hierzu: Heide Homann, *Zur Entwicklung eines methodischen Problems biologischer Disziplinen*, in: *Traditionell kritische Theorie*, Würzburg 1995, S. 13-19.)

278 Kant, *Die Metaphysik der Sitten*, a. a. O., S. 280 f.

als den eines Organismus enthalten. Die Keimzellen schon als potentiellen Menschen zu fassen hieße, denjenigen Menschen, der Träger der Ei- oder Samenzellen ist, nicht als Zweck an sich selbst, sondern als bloßes Mittel zur Reproduktion der Art zu denken. Darum gilt die Würde des Menschen nicht den Keimzellen, aber stets dem Embryo als dem sich entwickelnden menschlichen Organismus, der mehr ist als bloße belebte Materie, da er immer als intelligibler Charakter antizipiert werden muß. Denn Menschen beziehen sich in der Reproduktion ihrer Art nicht nur biologisch in der Fortpflanzung aufeinander, sondern zugleich als intelligible: Aktuelle Vernunft bezieht sich auf antizipierte Vernunft mit dem Zweck, Vernunft zu wecken.

Endliche Vernunftwesen haben einander als intelligible zur Voraussetzung

Jedes Selbstbewußtsein hat den Anstoß von einem anderen Selbstbewußtsein zu seiner Voraussetzung; d. h. jeder Mensch muß als intelligibles Wesen angenommen werden, bevor sich sein Selbstbewußtsein entwickelt, weil diese Antizipation die Bedingung des Selbstbewußtseins ist. Daß Menschen so notwendig auf Gesellschaft verwiesen sind, wird hier mit Johann Gottlieb Fichte gezeigt, der diese Reflexionsbewegung endlichen Selbstbewußtseins in den ersten drei Paragraphen der *Grundlage des Naturrechts* darstellt.

Ein Mensch ist nicht erst dann ein Vernunftwesen, wenn er selbst Vernunft hat. Um diese zu erlangen, muß er als Vernunftwesen antizipiert werden – nicht entwicklungspsychologisch, sondern formal-logisch. »*Ein endliches vernünftiges Wesen kann sich selbst nicht setzen, ohne sich eine freie Wirksamkeit zuzuschreiben*«.[279] Das Selbstbewußtsein eines endlichen Vernunftwesens ist seine Tätigkeit, sich als endlichem die es begrenzende Welt entgegenzusetzen. Dieses Entgegensetzen des Begrenzenden ist die Reflexion auf es selbst als begrenztes, das Erzeugen und Setzen des endlichen Ichs durch sich selbst. Das Vernunftwesen ist so bestimmt als seine freie, in sich selbst zurückgehende, reflexive Tätigkeit. Weil die Anschauung der Welt durch deren An-sich-Bestimmtheit gebunden ist, ist das ihr Entgegengesetzte notwendig ein Freies. So kann das Ich sich selbst nicht anders als frei setzen.

Die Wahrnehmung der Welt ist dem Inhalt nach gebunden – die Welt ist

---

[279] Johann Gottlieb Fichte, *Grundlage des Naturrechts*, Hamburg 1991, S. 17.

da, wie sie ist, und anders als unsere Anschauung mit ihren Formen sie uns gibt, können wir sie nicht wahrnehmen. Dasjenige, was Anschauung hat, kann selbst nicht angeschaut werden; es ist verschieden von der Anschauung, ist nicht selbst sinnlich, und setzt sich so dem Angeschauten entgegen. »*Das Anschauen und Wollen geht dem Ich weder vorher noch nachher, sondern ist selbst das Ich;*«[280] Das Ich ist als Setzen von Anschauen und Wollen in Wechselwirkung, keine Entität, welche Anschauung und Wollen hat und als Ursache hinter diesen stände.[281] Genau umgekehrt ist die Bestimmung des Selbstbewußtseins bei Spaemann, nach dem der Mensch als Person ist, indem er sein Leben hat und nicht bloß am Leben ist. Die Person steht so in Spaemanns Darstellung als Entität selbst noch einmal hinter ihrem Selbstbewußtsein. Da auch diese Entität wieder eine Ursache haben müßte, führte die Vorstellung eines Selbst als Entität in einen unendlichen Regreß.

»*Das Ich ist nicht etwas, das Vermögen hat, es ist überhaupt kein Vermögen, sondern es ist* handelnd*; es ist, was es handelt, und wenn es nicht handelt, so ist es nichts. [...] Dasjenige, dessen Handelsweise notwendig ein Objekt wird, ist ein Ich [...]. Sich selbst in dieser Identität des Handelns, und Behandeltwerdens [...] ergreifen, [...] heißt das reine Ich begreifen*«.[282] In der Handlung der Reflexion auf sich als reine Tätigkeit stellt das Subjekt sich selbst als Objekt vor und führt dieses Objekt als Subjekt auf sich zurück. Es ist damit in der Reflexion die Einheit in der Bewegung von Subjekt zu Objekt und zurück, Handelndes und Behandeltes – ein Ich mit Selbstbewußtsein.

Menschen sind nicht reines Selbstbewußtsein als zeitlose reine Reflexionshandlung, sondern endliche Wesen, deren individuelles Vernunftvermögen einen Anfang haben muß, der nicht in ihrer Vernunft und zugleich nicht außerhalb der Vernunft liegen kann. So muß zur Bestimmung des eigenen Selbstbewußtseins ein anderes Selbstbewußtsein vorausgesetzt werden, das dem eigenen gleich ist. »*Das endliche Vernunftwesen kann eine freie Wirksamkeit in der Sinnenwelt sich selbst nicht zuschreiben, ohne sie auch anderen zuzuschreiben, mithin, auch andere endliche Vernunftwesen außer sich anzunehmen*«.[283] Um das Selbstbewußtsein zu erklären, muß es immer schon

---

280 A. a. O., S. 22.
281 Dies ist eine Differenz zu Kant, der die Formen des Denkens von den Formen des Anschauens unterscheidet und beide unter die transzendentale Einheit der Apperzeption stellen will.
282 A. a. O., S. 23.
283 A. a. O., S. 30.

vorausgesetzt werden; dies führt zeitlich in einen unendlichen Regreß und argumentativ in einen Zirkel. Um seine Wirksamkeit setzen zu können, also um sich als Endliches setzen zu können, muß das Ich vorher ein Objekt als solches gesetzt haben, was wiederum die eigene Wirksamkeit voraussetzt u. s. f. Dieser Regreß wird laut Fichte gelöst, wenn Wirksamkeit und Objekt als in eins fallend gedacht werden. »*Die Wirksamkeit des Subjekts sei selbst das wahrgenommene und begriffene Objekt, das Objekt sei kein anderes, als diese Wirksamkeit des Subjekts, und so seien beide dasselbe. [...] Beide sind vollkommen vereinigt, wenn wir uns denken ein* Bestimmtsein des Subjekts zur Selbstbestimmung, *eine Aufforderung an dasselbe, sich zu einer Wirksamkeit zu entschließen.*«[284] Das auffordernde Subjekt ist als sinnliches Wesen vom aufgeforderten Subjekt unterschieden, als logisches Subjekt – Selbstbewußtsein – sind sie jedoch nicht verschieden, sondern gleich und somit ein Subjekt. Diese Bewegung setzt also ein aufforderndes Subjekt voraus, das zum einen selbst ein vernünftiges Wesen sein muß, dessen Handlung diese Aufforderung ist, und das zum anderen das aufgeforderte Subjekt als vernünftiges Wesen antizipieren muß, denn sonst würde keine Aufforderung erfolgen. »*Die gesetzte Ursache der Aufforderung außer dem Subjekte muß demnach wenigstens die Möglichkeit voraussetzen, daß das letztere verstehen und begreifen könne, außerdem hat seine Aufforderung keinen Zweck. Die Zweckmäßigkeit derselben ist durch den Verstand, und das Freisein des Wesens, an welches sie ergeht, bedingt. Diese Ursache muß daher notwendig den Begriff von Vernunft und Freiheit haben; also selbst ein [...] vernünftiges Wesen sein*«.[285] Als Folge der Aufforderung des Subjekts zur freien Wirksamkeit kann das Subjekt sich selbst frei als seinen Endzweck – als Zweck an sich selbst – bestimmen. Die Folge der Aufforderung ist nicht inhaltlich durch das auffordernde Subjekt determiniert und keine Kausalitätswirksamkeit, da das aufgeforderte Subjekt nicht bloß reagiert, sondern handelnd sich selbst als freies setzen kann.

Dieser Schluß vom Begriff eines endlichen vernünftigen Wesens auf andere solche Lebewesen, d. i. auf eine Art vernünftiger Sinnenwesen, ist nicht zu verwechseln mit der empirischen Feststellung, daß Menschen sich als biologische Art reproduzieren – auch wenn sich das Ergebnis deckt, da dasjenige, worauf sich die verschiedenen Bestimmungen beziehen, die eine Menschheit ist. Das vernünftige Wesen kann sich nur durch Anstoß von außen als ein

---

284 A. a. O., S. 32 f.
285 A. a. O., S. 36.

solches erkennen (und hierbei erst ein solches werden), und diesen Anstoß kann nur ein anderes vernünftiges Wesen geben, welches jenes als vernunftfähig antizipieren muß, da sich nur ein vernünftiges Wesen den Zweck setzen kann, diesen Anstoß zu geben, und sich diesen Zweck nur dann setzen kann, wenn er sich auf ein Vernunftwesen richtet. »*Der Begriff des Menschen ist sonach gar nicht der Begriff eines Einzelnen, denn ein solcher ist undenkbar, sondern der einer Gattung.*«[286] Menschen lassen sich nicht anders denken denn als Menschheit; endliche Vernunftwesen sind nur in der wechselseitigen Beziehung ihres Selbstbewußtseins aufeinander möglich. Hierüber konstituieren sie sich als eine intelligible Art, wie sie sich durch Fortpflanzung als biologische Art konstituieren. »*Nur freie Wechselwirkung durch Begriffe, und nach Begriffen, nur Geben und Empfangen von Erkenntnissen, ist der eigentümliche Charakter der Menschheit, durch welchen allein jede Person sich als Menschen unwidersprechlich erhärtet.*«[287]

Menschen als endliche Vernunftwesen sind Individuen, indem sie sich andere Vernunftwesen entgegensetzen, die ihnen gleichen. Da Menschen endliche, also begrenzte, freie Wesen sind, ist die Sphäre, in der sie frei handeln können, gleichfalls begrenzt. Mit dem Setzen anderer Individuen wird zugleich deren Sphäre der Freiheit ihrer Handlungen gesetzt und anerkannt. Das Verhältnis von Menschen zueinander ist so ein moralisches.[288]

Das Wesen des Menschen

Das Subjekt der Würde ist weder der Mensch als Angehöriger einer biologische Art noch ist es ausschließlich dasjenige Lebewesen, das Vernunft hat, sondern es sind die Angehörigen der Spezies, in deren Wesen es liegt, als moralische aufeinander bezogen zu sein.

Nach Karl Popper ist der Wesensbegriff lediglich die Hypostasierung des Wortes,[289] welche nichts zu erklären vermag. Ihm zufolge »*müssen wir »Was-ist?«-Fragen aufgeben: Fragen, die danach fragen, was ein Ding ist, was sei-*

---

286 A. a. O., S. 39.
287 A. a. O., S. 39 f.
288 Die vorliegende Arbeit orientiert sich an dem Kantischen Moralbegriff. Die Differenzen in der Bestimmung der Moral bei Fichte und Kant können im Rahmen dieser Arbeit nicht behandelt werden.
289 Vgl. Karl R. Popper, *Objektive Erkenntnis*, Hamburg 1973, S. 140.

ne wesentliche Eigenschaft oder Beschaffenheit ist.«[290] Solcherlei Fragen nach einem Wesen führten nur dazu, die Definition durch den Begriff über das bezeichnete Ding zu stellen, so daß die materielle Beschaffenheit des Dinges hinter seine »Eigentlichkeit« oder »Wesenheit« zurückfalle und der Begriff, hypostasiert zum Wesensbegriff, sich vom durch ihn Bezeichneten trenne und somit nichts mehr bezeichne. Wenn das Wesen eine allgemeine Definition – also eine Abstraktion vom Besonderen – wäre, könnte Individualität nicht zum Wesen gehören.

Was dies in bezug auf den Menschen bedeute, behandelt David Hull in seinem Aufsatz *On Human Nature*.[291] Er unterstellt einen Wesensbegriff, der die Universalität eines oder mehrerer Akzidenzien für eine Art behauptet, und zeigt dann, daß biologische Charakteristika sich selten nur auf eine Spezies beschränken und wenn, dann nicht von allen Angehörigen dieser Spezies geteilt werden. Deshalb sei »das Wesen des Menschen« keine biologisch erkennbare Größe – und somit überhaupt nicht erkennbar, also gegenstandslos. In seiner Schlußbemerkung warnt er davor, eine »Wesenseigenschaft«, die jedem Individuum dieser Spezies zukommen muß und keinem Organismus einer anderen Spezies zukommen darf, zum Kriterium für die Zusprechung von Menschenwürde machen zu wollen. Denn erstens gäbe es ein solches Kriterium nicht, was unweigerlich zur Ausgrenzung von Menschen ohne diese Eigenschaft von den in der Würde gründenden Rechten führe, und zweitens sei Menschenwürde etwas so Fundamentales, daß sie uneingeschränkt »uns allen« gelten müsse und nicht an temporäre Eigenschaften geknüpft werden dürfe.

Hull übersieht hierbei, daß »wir alle« unter eine Einheit gefaßt werden müssen, damit es »uns alle« gibt. Da er selbst gezeigt hat, daß es kein körperliches Merkmal gibt, das sicher alle Menschen von Nichtmenschen unterscheidet, impliziert er ein unanschauliches Gemeinsames, wenn er von »uns allen« als allen Menschen schreibt. Diese Einheit kann, wenn sie Menschenwürde begründen soll, in der Tat keine biologische Größe sein; sie läßt sich nicht biologisch, nicht rein aus der Empirie, sondern nur philosophisch mit Bezug auf die Empirie fassen. Mißversteht man das Wesen des Menschen als eine hypostasierte Definition, als eine Eigenschaft, die alle Menschen aufweisen und die sich bei keinem Tier findet, stellt sich nicht nur das von Hull aufgezeigte Problem, daß es diese universell menschliche Eigenschaft nicht gibt, sondern

---

290   A. a. O., S. 218.
291   Vgl. David L. Hull, *On Human Nature*, in: D. L. Hull and M. Ruse (ed.), *The Philosophy of Biology*, Oxford 1998, S. 383 – 397.

mehr noch: Gäbe es diese biologische Gemeinsamkeit, ließe sich aus ihr heraus keine Würde begründen, sie wäre aufgrund einer Eigenschaft willkürlich zuzusprechen.[292] Doch das Wesen faßt im Gegenteil alle Menschen ungeachtet ihrer Akzidenzien unter eine Einheit, die nicht biologisch, sondern ideell ist, indem alle Menschen auf dieses Wesen bezogen gedacht werden müssen, das als ihnen innewohnend vorgestellt wird. Doch bestimmt als dasjenige, was nicht Akzidenz ist, was nicht erscheint, läßt das Wesen sich im Gegensatz zur Begriffsdefinition nicht positiv bestimmen.

Was Hull das »Wesen« nennt, ein auf eine Art beschränktes und innerhalb dieser Art universelles Akzidenz, ist klassisch als Proprium[293] bestimmt, als die Eigentümlichkeit einer Art, wie beim Menschen das Lachen oder die Fellosigkeit. Doch ein Verlust des Propriums ist kein Verlust des Wesens. Darum bleiben »wir alle« Menschen, auch wenn artspezifische Akzidenzien verloren gehen oder gänzlich fehlen. Das Wesen ist ein von der Empirie Losgelöstes, doch kein gänzlich Jenseitiges, da es nicht ohne Bezug auf die Empirie sein kann. Diese metaphysische Bestimmung der reinen spekulativen Vernunft ist keine Eigenschaft, mithin kein Akzidenz; darum kann aus der bloßen Erscheinung nicht auf das Wesen geschlossen werden. Zugleich wird z. B. ein Mensch als Erscheinung in der Sinnenwelt als Mensch erkannt, indem er über ein Schema[294] aufgrund bestimmter Akzidenzien und Propria als Mensch identifiziert wird. Was erscheint, kann kein Intelligibles sein, sondern nur ein Materielles, der menschliche Körper. Der Mensch wird aufgrund biologischer Merkmale erkannt und dabei zugleich erkannt als etwas, das hiervon unterschieden ist: als intelligibler Charakter, Vernunftwesen, das moralisch auf andere endliche Vernunftwesen bezogen ist. Dies zeigt den Widerspruch des Wesensbegriffes: Das Wesen erscheint nicht in den Akzidenzien und kann doch nur aufgrund von Akzidenzien und Propria einem Ding zugeordnet werden.

»*Etwas als Wesen eines Dinges bezeichnen heißt aussagen, daß es sein eigentümliches Sein in nichts anderem habe.*«[295] Analog zum Substanzbegriff[296] ist das Wesen das Beharrliche an einem Ding, das seine Bestimmtheit durch alle Veränderungen der Akzidenzien in der Zeit hindurch ausmacht. Eine

---

292 Vgl. Kapitel *Der abgestufte Lebensschutz.*
293 »*Ferner wohnt das Proprium der ganzen Art, deren Proprium es ist, und ihr allein und immer bei*«. Porphyrius, Einleitung in die Kategorien, in: Aristoteles, *Organon I*, Hamburg 1995, S. 17.
294 Vgl. Kant, *Kritik der reinen Vernunft*, a. a. O., B 176 ff.
295 Aristoteles, *Metaphysik*, Buch IV, a. a. O., Kapitel 4, 1007 a.

Veränderung kann es nur geben, wenn ein Beharrliches gedacht wird, an dem die Veränderung statthat. Das Wesen der Menschen als deren beharrliche Eigentümlichkeit, die es erst erlaubt, durch alle gesellschaftlichen Veränderungen hindurch Menschen unter eine Einheit zu fassen, kann nicht erscheinen, da es sonst selbst als Akzidenz ein Veränderliches wäre. Zugleich muß es erscheinen, da Menschheit kein Begriff a priori der reinen Vernunft ist und Menschen uns nur als Erscheinungen gegeben sind.

Kant behandelt diese Schwierigkeit implizit, indem er zwischen logischem Wesen und Realwesen unterscheidet. Das logische Wesen wird dieser Unterscheidung zufolge über die Akzidenzien bestimmt und über die spezifische Differenz; es sei affirmativ. Das Realwesen sei dagegen der innere Grund alles dessen, was einem gegebenen Ding notwendig zukomme und sei unerkennbar. Dieses Realwesen als unbekannte Ursache läßt sich nur negativ bestimmen. Es muß angenommen werden, aber es kann, da es nicht in den Akzidenzien erscheint und auch nicht Summe der Akzidenzien ist, sondern als Grund der Akzidenzien hinter ihnen stehen muß, nicht positiv gefaßt werden. So setzt das logische Wesen das Realwesen voraus, aber das Realwesen kann nur negativ über den Mangel des logischen Wesens bestimmt werden. Der notwendige Widerspruch des Wesensbegriffes stellt sich so bei Kant in der Unterscheidung zwischen logischem Wesen und Realwesen dar. Zwar faßt Kant selber den Wesensbegriff nicht dialektisch, doch zeigt sich bei ihm schon dessen Widerspruch, indem es ihm nicht gelingt, das logische Wesen in das Realwesen aufzulösen oder umgekehrt.

Problematisch bleibt, wie aus einem negativen Wesensbegriff positive Bestimmungen entspringen können. Das Wesen ist laut Hegel zunächst eine philosophische Kategorie und ist so – wie alle Kategorien – nur negativ, d. i. durch Reflexion bestimmbar. Kategorien lassen sich nicht definieren wie empirische Begriffe. Da das Wesen reflexiv, nämlich unabhängig von den Akzidenzien sein soll, ist es immer problematisch, eine Wesensdefinition von Naturgegenständen geben zu wollen; da empirische Gegenstände irreflexiv sind, erforderte dies einen reflexiven Ausdruck für Irreflexives.[297] Einen

---

296 Vgl. hierzu Kant, *Kritik der reinen Vernunft*, B 183. Dort heißt es: »*Das Schema der Substanz ist die Beharrlichkeit des Realen in der Zeit, d. i. die Vorstellung desselben, als eines Substratum der empirischen Zeitbestimmung überhaupt, welches also bleibt, indem alles andere wechselt.*«

297 Vgl. Hegel, *Wissenschaft der Logik*, a. a. O., *Lehre vom Wesen*, u. a. *Die äußere Reflexion*, S. 28 f.

solchen Ausdruck zu bilden, führt auf zwei grundlegende Schwierigkeiten: Erstens müssen Erscheinungen zur Bildung des Begriffes herangezogen werden, da dem Menschen solche Gegenstände nur durch die Sinne gegeben werden. Die Erscheinung muß als der Reflexivität des Denkens gemäß gedacht werden, als das An-sich-sein dieses Gegenstandes, was zu einer Unterscheidung in »wesentliche Akzidenzien« und »akzidentelle Akzidenzien« führt. Die »wesentlichen Akzidenzien« müssen dann zugleich als dasjenige gefaßt werden, das unabhängig vom Wechsel der »akzidentellen Akzidenzien« ist, als reflexives An-sich-sein. Aus dieser Bestimmung des Wesens als unabhängig von äußerer Bestimmtheit, die in den Akzidenzien liegt, folgt zweitens, daß es auch als unabhängig von der Bestimmtheit durch das Denken angenommen werden muß. Die Naturgegenstände müssen selbständig gegen das sie erkennende Subjekt sein, sonst wäre kein Material gegeben, das sich erkennen ließe. Wären sie nur das, als was sie bestimmt würden, ohne unabhängige Bestimmtheit von ihrem Bestimmtwerden, wären sie nicht von Hirngespinsten zu unterscheiden. Diese Selbständigkeit ist Ausdruck reflexiver Subjektivität. Indem die Gegenstände als irreflexive Eigenständige angenommen werden, müssen sie als An-sich-seiende, d. i. als reflexive gedacht werden. Diese Schwierigkeiten des Wesensbegriffes stellen sich beim Menschen nicht, da der Mensch als einziger Naturgegenstand selbst reflexiv ist.[298]

Der Mensch ist Sinnenwesen, irreflexiver Naturgegenstand, und zugleich Vernunftwesen, wobei Vernunft als Reflexionsbegriff das andere zur Erscheinung ist. Das Wesen des Menschen ist nicht Vernunft, Freiheit und Moral – sowenig wie jeder Mensch wesentlich als vernünftig, frei und moralisch erscheint –, weil Menschen als Sinnenwesen nicht zureichend durch Reflexionsbegriffe bestimmt werden können. Doch ohne Bezug auf das durch Freiheit, Moral und Vernunft bestimmte Ideal der Menschheit lassen Menschen sich nicht denken. So ist jeder Mensch wesentlich bezogen auf das Ideal der Menschheit, auf Vernunft, Freiheit, Moral und Glückseligkeit in ihrer Einheit als gesellschaftliche.

---

298 Empirische Gegenstände, die keine reinen Naturgegenstände, sondern von Menschen zu einem bestimmten Zweck hergestellte Artefakte sind, lassen sich unabhängig von ihren Akzidenzien über ihre Funktion bestimmen. So ist z. B. ein Tisch das, woran sich sitzen und worauf sich anderes abstellen läßt, unabhängig davon, aus welchem Material oder von welcher Farbe er ist. Eine solche Bestimmung über die Funktion ist nur möglich, weil der irreflexive Gegenstand das, was er ist, nur ist, insofern der Mensch als reflexives Wesen ihn dazu gemacht hat.

»*Aber das menschliche Wesen ist kein dem einzelnen Individuum innewohnendes Abstraktum. In seiner Wirklichkeit ist es das Ensemble der gesellschaftlichen Verhältnisse.*«[299] Es sei dieses »Ensemble«, da die gesellschaftlichen Verhältnisse von Menschen in ihrem Bezug aufeinander hervorgebracht werden. Das Wesen des Menschen sei so gesellschaftlich hergestelltes Wesen. Doch hierin kann es nicht vollständig aufgehen, denn das Wesen wäre so selbst historisch zufällig und veränderlich, Summe der Akzidenzien und nicht Substanzbegriff.

Der Prozeß der Gesellschaft ist in der bisherigen Geschichte nicht von einem Selbstbewußtsein dergestalt, daß der im Begriff des Selbstbewußtseins enthaltene Bezug auf das Ideal Menschheit verwirklicht worden wäre, begleitet, so daß der einzelne Mensch in der Gesellschaft den Gesetzen, nach welchen die jeweilige Gesellschaftsform funktioniert, ausgeliefert ist wie den Naturgesetzen, wobei ihm erstere oft weniger erklärlich erscheinen. »*Solches Wesen ist vorab Unwesen, die Einrichtung der Welt, welche die Menschen zu Mitteln ihres sese conservare erniedrigt, ihr Leben beschneidet und bedroht, indem sie es reproduziert und ihnen vortäuscht, sie wäre so, um ihr Bedürfnis zu befriedigen. Wie das Hegelsche*[300] *muß auch dies Wesen erscheinen: vermummt in seinen eigenen Widerspruch. Nur am Widerspruch des Seienden zu dem, was zu sein es behauptet, läßt Wesen sich erkennen.*«[301] So ist das Wesen des Menschen nicht etwas bloß Gegebenes, Faktum, sondern zugleich ein zu Erreichendes, das erst mit dem gesellschaftlichen Prozeß hin zum verwirklichten Ideal der Menschheit seine Doppelung in Unwesen und Wesen aufheben kann. Das Wesen ist so zu denken als eines, das den Bezug auf ein variables, historisch tätiges Subjekt enthält, ohne selbst ein bloß Variables zu sein. Es geht auf die innere Richtigkeit der Sache und umfaßt so auch deren Falschheit. So wird im empirischen Menschen über das Wesen des Menschen seine eigene transzendentale Idee, das Ideal der Menschheit, auf das er bezogen gedacht wird, gefaßt. Das Wesen des Menschen erscheint so als das wirkliche Ensemble gesellschaftlicher Verhältnisse und ist ihm zugleich transzendent, indem es dieses als Falsches negiert.

---

299   Marx, MEW Bd. 3, a. a. O., *Thesen über Feuerbach*, S. 6.
300   Vgl. Unterkapitel »Gemeinsamer Mangel der dargestellten Positionen« (S. 65-67)
301   Adorno, *Negative Dialektik*, a. a. O., S. 169.

Das Subjekt der Würde

Alle Varianten, die in der deutschen Stammzellendebatte als Beginn der menschlichen Würde und des unbedingten Lebensschutzes diskutiert werden, wie z. B. die Verschmelzung von Ei- und Samenzelle, die Nidation oder die Ausbildung neuronalen Gewebes, sind Stadien in der Entwicklung eines menschlichen Organismus, in denen zweifelsfrei keine Vernunft tätig ist und noch nicht einmal deren materielle Voraussetzung, das Gehirn, vorhanden ist. Damit kann Menschen in all diesen Stadien der frühen Embryonalentwicklung ein diesem einzelnen Organismus zukommendes Vernunftvermögen abgesprochen werden. Ferner verursacht die Tötung von frühen Embryonen diesen zweifelsfrei keine Schmerzen, da sie noch kein neuronales Gewebe haben. Doch hieraus folgt nichts in bezug auf die moralische Frage, ob das Leben eines menschlichen Embryos einen unbedingten moralischen Wert darstelle, denn Moral bezieht sich auf die Würde eines Lebewesens, nicht auf dessen Empfindungsfähigkeit oder seine aktuelle Vernunfttätigkeit.

Kant bestimmt Autonomie als den »*Grund der Würde der menschlichen und jeder vernünftigen Natur*«.[302] Als Wesen, das sich aus Freiheit selbst das Gesetz geben kann, hat der Mensch Würde. Die Würde ist verknüpft mit der Vorstellung einer »vernünftigen Natur«, was eine Bindung der Vernunft an die Art bedeutet. Aber die Würde ist nicht ausschließlich an das Vernunftvermögen eines jeden einzelnen Exemplars gebunden, denn dies wäre die leere Vorstellung einer singulären Autonomie. Autonomie, die Selbstgesetzgebung der Vernunft, hat ihren Inhalt jedoch im Verhältnis der Menschen zueinander: in der Gesellschaft, die mit der geforderten allgemeinen Gesetzgebung vor die Aufgabe der Verwirklichung des höchsten Guts gestellt ist. Das moralische Gesetz ist keine bloß auf ein von der Gesellschaft abgetrenntes Einzelsubjekt bezogene Handlungsmaxime, sondern auf das Ideal der Menschheit bezogen auf das vollendete höchste Gut der Einheit von Glückseligkeit und Sittlichkeit. Das Vermögen, im Prozeß der Arbeit zwischen Ideal und empirischer Welt zu vermitteln, kann als Vermögen endlicher Wesen nur in der Gesamtheit der Art, durch Arbeitsteilung und ihre historische Tradierung und Entwicklung, diesen Prozeß vollbringen. Da die Verbindung von Material und Ideal nur

---

302 Kant, *Grundlegung zur Metaphysik der Sitten*, a. a. O., BA 79.

bestimmt werden kann in der Menschengattung insgesamt, kann die einzelne vernunft- und empfindungslose menschliche Zygote mit dem Naturzweck des Menschen nicht ohne Bezug auf das Ideal der Menschheit, mithin nicht ohne Würde gedacht werden. Weil der Begriff der Würde notwendig auf das Ideal der Menschheit bezogen ist, ist der mit Würde versehene einzelne Mensch Zweck an sich selbst. Die Würde des Menschen sowie seine Persönlichkeit kommen deswegen dem Einzelnen nicht aufgrund seiner Eigenschaften zu, wie etwa seines individuellen Vernunftvermögens und dessen neuronaler Disposition, sondern sie gelten für den Einzelnen aufgrund ihrer begrifflichen Beziehung auf die von der Spezies nicht abtrennbaren Ideale von Menschheit und höchstem Gut.

Der menschliche Embryo ist vom Anfang seiner Existenz mit der Verschmelzung von Ei- und Samenzelle an als gesellschaftliches Wesen bestimmt und auf das Ideal der Menschheit bezogen: ein Lebewesen mit Menschheitswürde, das Zweck an sich selbst ist. Mit dieser Würde ist seine Vernutzung zur Forschung, die ihn bloß als Mittel gebraucht, unvereinbar. Da die Würde eines Menschen als unbedingter Wert kein Äquivalent hat, ist sie gegen nichts abzuwägen. Ihre Verletzung durch den Gebrauch eines Menschen als bloßes Mittel ist – auch wenn sie subjektiv nicht als Verletzung empfunden wird – objektiv eine Nichtachtung der Menschheitswürde. Hierdurch ist die verbrauchende Stammzellenforschung unmoralisch und durch keinen Zweck zu rechtfertigen. So ist es gleichermaßen unmoralisch, ob der menschliche Embryo getötet wird, um die Krankheiten anderer Menschen zu lindern oder um einer Nation einen wirtschaftlichen Standortvorteil zu sichern – denn beides sind heteronome Zwecke, die ein Wesen, das als auf das Ideal der Menschheit notwendig bezogenes Würde hat und einen Zweck an sich selbst darstellt, bloß als Mittel brauchen.

Der Tötung menschlicher Embryonen wird in der Stammzellendebatte die Pflicht zur Heilung Kranker entgegengestellt. Sowohl das Töten als auch die unterlassene Heilung eines Menschen widersprechen der Menschheitswürde. Auch wenn man dieses Dilemma, das in der geführten Debatte eine weitgehend ideologische Funktion hat, ernst nähme, wäre es unmöglich durch eine Abwägung zu lösen, da die Menschheitswürde unbedingt für alle Menschen gilt. Soll die Würde eines Einzelnen über diejenige eines Anderen gestellt werden, ist dasjenige, was die Würde stiftet – das Ideal der Menschheit, das alle Menschen als auf das höchste Gut hin gerichtet begreift und aus dem dem Begriff nach niemand, der zur Spezies gehört, ausgeschlossen werden kann – selbst negiert. Der durch ihre Würde begründete unbedingte Wert des Lebens endlicher Vernunftwesen impliziert die moralische Pflicht aller Menschen, diese Würde zu achten. Die Achtung gebietet, Menschenleben als Zweck an sich selbst zu schützen, d. h. allen Menschen ein menschenwürdiges Leben zu ermöglichen. Dies schließt die bestmögliche medizinische Versorgung aller Menschen ebenso ein, wie es die Vernutzung menschlicher Embryonen zu Heilungszwecken verbietet. Die Achtung der Menschheitswürde ist selber Zweck. Sie ist somit nicht auf ausgewählte Mitglieder der Menschheit einschränkbar, nicht funktionalisierbar und auch nicht durch Zwecke, die moralisch geboten sein mögen, relativierbar.

Die positivistische Position Merkels lehnt alle transzendentalen Begriffe des Ideals der Menschheit und des höchsten Guts ab – und damit auch den Begriff der Würde, wie er hier entwickelt wurde. Statt auf eine Idee der Vernunft bezieht Merkel sich auf ideelle Vorstellungen, die dem Wandel des Zeitgeistes unterliegen. So unterliege auch der Lebensschutz früher Embryonen einem Wandel, der sich jetzt an die Gegebenheiten des Forschungsinteresses anpassen solle. Spaemann hingegen fixiert die Menschenwürde in der einzelnen Person nach einem ähnlichen Modell, wie die katholische Kirche die einzelne Seele hypostasiert. Da er keine Reflexion über das Verhältnis von einzelnem Vernunftvermögen und allgemeiner Vernunft anstellt, bleibt der Grund der Würde des Einzelnen im Dunkeln bzw. im Glauben.

Gegen die sich mit dem Zeitgeist verändernde »Moral« Merkels und gegen das statische Modell der von Gott gesetzten Menschenwürde Spaemanns liegt der Schlüssel zur Klärung dessen, was Menschheitswürde ist, im Verhältnis vom einzelnen Exemplar der Art vernunftbegabter Sinnenwesen zum Ideal der Menschheit: Dieses Verhältnis beinhaltet einen gesellschaftlichen Prozeß, da es auf die Verwirklichung des Reichs der Zwecke hin bestimmt ist. Das Ziel dieses Prozesses ist nicht vom Zeitgeist, sondern von der Vernunft bestimmt. Das Vermögen, diesen Prozeß als gesellschaftlichen zu vollbringen, ist kein bloß individuelles Vermögen einzelner Menschen, sondern ein Vermögen der Art als Menschheit.

Der Embryo hat von Beginn seiner Entwicklung an Würde, nicht aufgrund des biologischen menschlichen Materials, sondern aufgrund seines Wesens, das negativ gegen das biologische Material bestimmt ist und zugleich mit diesem verbunden gedacht werden muß. So stehen die biologische Art und das Ideal der Menschheit, obwohl unterschieden, in einer Einheit, die sich in jedem Menschen darstellt. Der intelligible Charakter des Menschen hängt nicht vom individuellen Zustand des Gehirns ab, sondern ist über den Begriff der Menschheit mit dem Naturzweck des menschlichen Organismus verbunden. Darum gebietet die Freiheit als Autonomie, auch früheste Embryonen nicht zu Forschungszwecken zu töten; denn jeder Mensch ist von seiner Erzeugung an auf das transzendentale Ideal der Menschheit bezogen: als Subjekt der Würde.

*****

Literatur

Monographien

Adorno, Theodor W., *Negative Dialektik*, Frankfurt am Main 1997.
Aristoteles, *Organon I*, Hamburg 1995.
Aristoteles, *Metaphysik*, Hamburg 1995.
Bulthaup, Peter, *Zur gesellschaftlichen Funktion der Naturwissenschaften*, Lüneburg 1996.
Dreyer, Mechthild und Fleischhauer, Kurt (Herausgeber): *Natur und Person im ethischen Disput*, München 1998.
Facchini, Fiorenzo, *Der Mensch*, Augsburg 1991.
Fichte, Johann Gottlieb, *Grundlage des Naturrechts*, Hamburg 1991.
Hegel, G. W. F., Werke Bd. 5, 6, *Wissenschaft der Logik*, Frankfurt am Main 1986.
Hegel, G. W. F., Werke Bd. 8, 9, *Enzyklopädie der philosophischen Wissenschaften*, Frankfurt am Main 1986.
Holland, Lebacqz, Zoloth (ed.), *The Human Embryonic Stem Cell Debate: Science, Ethics, and Public Policy*, MIT Press 2001.
Homann, Heide, *Zur Entwicklung eines methodischen Problems biologischer Disziplinen*, in: *Traditionell kritische Theorie*, Würzburg 1995.
Hull, David L., *On Human Nature*, in: D. L. Hull and M. Ruse (ed.), *The Philosophy of Biology*, Oxford 1998.
Kant, Immanuel, *Kritik der reinen Vernunft*, Frankfurt am Main 1997.
Kant, Immanuel, *Kritik der praktischen Vernunft*, Frankfurt am Main 1997.
Kant, Immanuel, *Kritik der Urteilskraft*, Hamburg 1990.
Kant, Immanuel, *Grundlegung zur Metaphysik der Sitten*, Frankfurt am Main 1997.
Kant, Immanuel, Werke Bd. 6, *Die Religion innerhalb der Grenzen der bloßen Vernunft, Die Metaphysik der Sitten*, Berlin 1968.
Kant, Immanuel, Werke Bd. 8, *Abhandlungen nach 1781*, Berlin 1968.
Kant, Immanuel, Werke Bd. 9, *Logik*, Berlin 1968.
Marx, Karl, Marx-Engels-Werke Bd. 3, Berlin 1988.
Marx, Karl, Marx-Engels-Werke Bd. 23, *Das Kapital, Kritik der politischen Ökonomie*, Berlin 1988.
Marx, Karl, *Grundrisse der Kritik der politischen Ökonomie*, Berlin 1974.
Merkel, Reinhard, *Forschungsobjekt Embryo*, München 2002.

Popper, Karl R., *Objektive Erkenntnis*, Hamburg 1973.
Schaefer & Brohmer, *Fauna von Deutschland*, Heidelberg, Wiesbaden, 1994.
Singer, Peter: *Praktische Ethik*, Stuttgart 1984.
Spaemann, Robert, *Personen, Versuche über den Unterschied zwischen »etwas« und »jemand«,* Stuttgart 1998.
Sturma, Dieter (Herausgeber), *Person,* Paderborn 2001.

Lexika

Brockhaus, Mannheim 2002.
Fachlexikon ABC Biologie, Frankfurt am Main 1996.
Grzimeks Tierleben, Bd. XI, Zürich 1969.
Kant-Lexikon, Eisler, Rudolf (Herausgeber), Hildesheim, Zürich, New York 1994.
Wörterbuch der philosophischen Begriffe, Hamburg 1998.

Gesetzestexte

Grundgesetz (GG), Bonn 1990.
Strafgesetzbuch (StGB), München 1983.
Embryonenschutzgesetz (EschG), Bundesgesetzblatt Jahrgang 1990, Teil I, Nr. 69, ausgegeben zu Bonn am 13. Dezember 1990.
Stammzellengesetz (StZG), Bundesgesetzblatt Jahrgang 2002, Teil I, Nr. 42, ausgegeben zu Bonn am 29. Juni 2002.

Zeitschriften und Zeitungen

Die Zeit, 28.12. 2000, 18.01. 2001, 15.02. 2001, 22.02. 2001, 01.03. 2001, 22.06. 2001.
Financial Times Dt. Portfolio, 16.02. 2001.
Frankfurter Allgemeine Zeitung, 24.02. 2001, 08.03. 2001, 31.05. 2001.
Frankfurter Rundschau, 24.01. 2003.
Nature, 05.12. 2002.
Science, 06.11. 1998.
Süddeutsche Zeitung, 07.05. 2001.

Sonstige Publikationen

Bundesministerium für Bildung und Forschung (Herausgeber), *Krankheitsbekämpfung durch Genomforschung: Das Nationale Genomforschungsnetz,* Januar 2003.

Der Nationale Ethikrat, *Stellungnahme zum Import menschlicher embryonaler Stammzellen* vom 20.12.2001.

Die Zeit (Herausgeber), *Zeitdokument 1.2002: Stammzellen – Embryonen als Ersatzteillager?,* Hamburg 2002.

Empfehlungen der Deutschen Forschungsgemeinschaft zur Forschung mit menschlichen Stammzellen vom 03.05.2001.

Enquête Kommission, *Recht und Ethik der modernen Medizin, Teilbericht Stammzellforschung* nach dem Beschluß vom 12.11.2001.

http://www.kath.ch/sbk-ces-cvs/rtf/Gesetzentwurf.rtf, gesehen am 07.03.2003.

http://zdk.de/data/erklaerungen/pdf/Beschluss_der_VV_zu_Fragen_der_biomedizinischen_Entwicklung_deutsch_pdf.pdf, gesehen am 02.10.2002.

Danksagung

Das vorliegende Buch ist eine überarbeitete Fassung meiner Magisterarbeit. An dieser Stelle danke ich meinen Gutachtern Prof. Dr. Ulrich Ruschig und Dr. Frank Kuhne, die sich stets Zeit für meine Fragen genommen haben. Weiterhin danke ich allen, die Korrektur gelesen haben, besonders Andreas Knahl, Kerrin Ehlers, Christoph Bestian, Dirk Meyfeld, Regina Volkmer, Heide Lutosch und Lambert Heller. Meinen Mitbewohnern Lambert, Vinz, Janine und Felix danke ich dafür, daß sie mich beizeiten abzulenken wußten. Mein besonderer Dank gilt Prof. Dr. Ulrich Ruschig, der mir nach Abschluß der Magisterarbeit bei der Überarbeitung des Textes mit seiner detaillierten Kritik inhaltlich zur Seite stand.

Christine Zunke, Hannover, Februar 2004

Blätter für deutsche und internationale Politik

Das TINA-Prinzip.

Beliebte Position in Politik und Gesellschaft. TINA steht für „There is no alternative". Das bedeutendste Totschlag-Argument -> *Maggie Thatchers* zur Durchsetzung ihrer (vermeintlich) alternativlosen Politik.

Doch: In der Realität und erst recht im Denken gibt es immer Alternativen.

Die besseren lesen Sie in den „Blättern".

**Probeabo (2 Ausgaben) 10 Euro
oder: kostenloses Probeheft**

Blätter Verlag, Postfach 2831, 53018 Bonn
Telefon 0228/650 133, Fax 0228/ 650 251

www.blaetter.de
abo@blaetter.de

 **Hochschulschriften**

Ulrich Peters
Wer die Hoffnung verliert, hat alles verloren
Kommunistischer Widerstand in Buchenwald
Hochschulschriften 47, 531 Seiten, EUR 34,00 [D]
ISBN 3-89438-274-0

Leah Carola Czollek/Gudrun Perko
Verständigung in finsteren Zeiten
Interkulturelle Dialoge statt »Clash of Civilizations«
Hochschulschriften 48, 231 Seiten, EUR 19,80 [D]
ISBN 3-89438-275-9

Andreas Kunze
Finale Entfernung
Die moderne deutsche Kultur und die Vernichtung der Juden
Hochschulschriften 50, 416 Seiten, EUR 26,00 [D]
ISBN 3-89438-282-1

Christian Erlewein
Ethik, Recht und Ökonomie
Zur Kritik der Integrativen Wirtschaftsethik
Hochschulschriften 49, 347 Seiten, EUR 24,80 [D]
ISBN 3-89438-281-3

Gottfried Stiehler
Mensch und Geschichte
Studien zur Gesellschaftsdialektik
Hochschulschriften 39, 162 Seiten, EUR 17,50 [D]
ISBN 3-89438-252-X

PapyRossa Verlag
Luxemburger Str. 202, 50937 Köln – Tel.: (02 21) 44 85 45, Fax: 44 43 05
mail@papyrossa.de – www.papyrossa.de